U0114912

李文達傳

——醬料大王的傳奇

王國璋、鄭宏泰、黃紹倫——著

已故國學大師**饒宗頤教授**，學術和藝術界的瑰寶，
在仙遊前為本書題字。
李文達先生衷心感謝饒教授之厚愛，
並對其離世深感惋惜。

李文達傳

選堂

李焯芬序

年屆米壽之齡的李文達先生，是香港前輩企業家的典範。
正如這本傳記所述，過去數十年間，李錦記在他的帶領
下，克服了無數的挑戰、困難、危機，成功地從十分傳統
的小生意發展成極具規模、管理完善的現代化跨國企業。
傳記詳述了這位獨具慧眼、堅毅卓絕的前輩企業家的成功
路；也彰顯了他「小中見大、危中見機」的領袖特質。「小
中見大」，突顯了他的冷靜、睿智；「危中見機」則反映
了他的沉著、堅毅。

李文達先生那一代的企業家，多生於憂患、長於憂患。眾
所週知，近代社會經歷了巨大的變遷，許多傳統的企業都
因為市場環境的劇變而走向沒落。李錦記卻能與時並進，
成功轉型，而且不斷發展、壯大。這當然離不開領導者的
沉著睿智、堅毅不拔、勤奮拚搏、勇於開拓的精神。

「小中見大」，也就是見微知著。眼前這本傳記何嘗不是
中國人過去數十年走過的艱辛路的一個縮影、一個寫照？
語云：多難興邦。李文達先生領導下的李錦記事業，同樣
是在克服了無數的困難險阻和危機之後才成功的。這讓我
不期然想起了以下的一個小故事。

話說有位種小麥的農夫，希望獲得豐收而向天神誠心禱
告，祈求來年風調雨順，沒有什麼冰霜蟲害，讓種下去的

小麥能順利成長。天神答允了他的請求。果然，翌年完全沒有冰霜蟲害或任何自然災害，小麥的長勢令農夫欣喜不已。轉眼到了秋收時節，農夫割下了小麥，打穀時卻發現穀殼之內並無小麥粒子，即是小麥沒有正式結果。農夫失望之餘，唯有再請教天神。天神一看，明白了，於是向農夫解釋：小麥的生長，是個自然的過程。冰霜蟲害，亦是植物自然生長過程中的一個組成部份。離開了這些自然界的挑戰，植物的生長就變得不圓滿，於是亦不能結出圓滿的果實。這當然只是一個譬喻，但人生路上總難免會遇上一些挑戰、困難和危機；沉著面對這些危機、克服困難，可以讓我們變得更堅強、更有智慧，未來也會因而變得更成功。李文達先生的鄉賢梁啟超先生曾云：「磨難是最好的大學」，正是這個意思。

李文達先生還有一個很值得我們後輩認真學習的地方，那就是他為李錦記親手建立的「思利及人」經營方針，日後也成了他的座右銘。企業當然要「思利」，但也同時要充份顧及他人 (特別是客戶及廣大市民) 的利益。李先生的這個信念，與中國人「兼善天下」的傳統美德，或大乘佛教菩薩行的「自利利他」精神非常吻合。這種精神亦絕對有利於李錦記事業的持續發展、不斷壯大和開拓。李先生秉承這個信念，一直樂於為公益慈善事業奉獻，回饋社會。

感恩三位學者為大家寫了這本好書。它其實是一份最上乘的教材,讓年輕一代從中獲得走上成功路所必須具有的智慧。作者沒有使用抽象的理論來說教,而是選用了極其生活化的真人實例。衷心希望我們的年輕學子們能細讀這本好書,必定會從中有所感悟、有所啟迪,進而大有得益。我們今天的教育,十分重視知識的傳遞,對人生智慧卻著墨不多。這本書正是個最好的補充。

香港大學前副校長、中國工程院院士

李焯芬

2017年12月

李文達序

世界是變化的，充滿著不確定性，給人類帶來了風險和壓力，也帶來了機會和驚喜。這兩者通常是同時出現，你中有我，我中有你，需要我們用智慧來識別和轉化。

世界又是整體的，世間萬物相互之間存在著錯綜複雜的關係，給人們呈現出混沌不清的樣子。我們所能接觸到的可能只是它們的冰山一角，但只要我們擅於從小見大、見微知著，發現蘊含其中的客觀規律，摸索到解碼之道，我們就有機會從小走到大。

1888年，我祖父李錦裳先生發明了蠔油，創造了李錦記品牌，也開創了李錦記家族的發展史，迄今已有一百三十年。身為李錦記第三代傳人，我承上啟下，親身經歷家族發展的起伏跌宕，親力推動家族企業的高速發展。1972年，我正式接掌李錦記家族生意，當時規模很小。經過四十餘年的艱苦奮鬥，到今天已有天翻地覆的變化。

如果說，我的一生能做成了幾件事情，那一定是有運氣和智慧的因素。

我非常幸運地生活在這個時代，非常幸運地生活在李錦記家族，尤其是非常幸運地遇上我的終身伴侶和擁有我的五個孩子，也非常幸運地在我還很年輕的時候就了解到做人

做事的智慧。是這個智慧讓我能夠從危中見機，從小見大；是這個智慧讓我能夠選好事、辦成事、做大事。

如果用一句老話來總結這個智慧，就是「作事惟思利及人」。用現代的話語來講，就是「做事先思考如何有利於我們大家」。有了這個智慧，面對變化，你仍會識別哪裡是「有利於我們大家」的事情，你就會有信心、找方法、認認真真地把這件事情做好；面對危機，你就會擁有「每臨大事有靜氣，不信今時無古賢」的自信，你就會尋找蘊含其中的機遇，扭轉乾坤，快速前行。

李錦記是從蠔油作坊起家，經過一百多年，長期在調味品領域深耕。乍看起來，這是一個門檻很低的行業，人人可為，家家都做。但是，調味品與生活息息相關，餐餐陪著你，它的一點一滴都需要嚴格的品質保證。正是這份對品質的追求，李錦記才會走到今天。李錦記的調味品還登上了太空，成為航天員的佐餐食品就是一個很好的證明。在調味品的背後不僅蘊藏著一個源源不斷的基本需求，更飽含著一個民族的飲食文化。

李錦記在二十五年前開始了第二個業務 ── 中草藥健康產業，也與人們生活緊密關聯，更與時代發展與時俱進；不僅蘊藏著勃勃生機，更飽含著一個民族的養生文化。

李錦記從事的兩大業務，意義很大，空間也很大。弘揚中華的飲食文化和養生文化，就是以中華五千年的智慧結晶，滿足當下全球人類健康快樂的需求。飲食與養生、健康與快樂是人類生活的基本需求。基於這樣的認知，李錦記才得以穿越百年的跌宕風雲，克服無數的艱難險阻。

我十多歲就踏足社會，從商逾七十年，飽嘗酸甜苦辣、幾經政經動盪，閱盡人生百態，感悟智慧能量。在我的一生當中，有著時代的烙印，有企業發展的縮影，有家人的溺愛，有朋友的幫助，有我矢志不渝的追求，更有可循的規律和智慧的光亮，讓我走過風雲跌宕。這個光亮，讓我得以能夠由小見大，區分風險和機遇。

感謝三位學者，用他們的專業積累和獨到眼光，在我的親人、朋友、生意夥伴和同事的幫助下，把我的人生實踐轉化為一輯有趣的故事，也把成就我一生的智慧巧妙地融入其中，透過我人生的軌跡鮮活起來，與眾分享。這亦是我多年來的心願。

我也藉此機會，再次感謝我的祖父母、感謝我的雙親、感謝我的太太和子孫、感謝我的合作夥伴、感謝我的親友和同事。感謝他們啟發我的智慧、豐盛我的人生歷程。

2017年7月28日，世界各地傳媒大幅報道，李錦記健康產品集團以約128億港元的價錢，購入倫敦芬喬奇街（Fenchurch Street）20號地標商廈，當地亦稱之為「對講機大廈」（"Walkie Talkie" building），消息轟動中外社會。原因之一是一家紮根香港的華資企業，竟可直搗世界頂級黃金地段，豎立起李錦記如日初昇的標誌，殊不簡單；原因之二是英國脫歐後滙率下滑，房地產市場低迷，雖說優質物業長期回報吸引，但要對前景看得通透，在市道低迷時人棄我取，實非易事。而李錦記集團主席，正是年近九十高齡、一生遭遇無數困阻與風浪、企業家精神猶在，且十分積極進取的李文達。

儘管李文達的名字在醬料及健康產品界無人不識，但對普羅市民而言，畢竟有點陌生，不像李錦記品牌般家傳戶曉。事實上，李文達乃李錦記的靈魂人物。因為李文達，李錦記才能承先啟後，才能由小而大，才能從港澳走向海外，再遍佈全世界，甚至衝出地球，多次隨著神舟九、十、十一號及國際太空站登上太空。

古希臘哲人阿基米德曾說：「給我一個支點，我就能夠移動地球。」由於找到了發展事業的支點，李文達一生發光發熱，不但奠定了企業長久發展的堅實基石，也打造了馳名世界的品牌。在李文達帶領下，李錦記由獨沽兩味的蠔

油及蝦醬，發展出種類繁多的調味料，豐富了千家萬戶每日三餐的飲食享受。然後，由李錦記所衍生的「無限極」，致力擴展出多元多樣的健康產品，也在弘揚中華醫藥與養生文化的同時，配合了新時代不同階層消費者對健康人生的追求。

憑著一個發展事業的支點，李文達雖然書寫了個人傳奇，但社會對他非凡經歷的認識其實不多。原來，李文達乳名李見大，父母給他取了這個特殊名字的原因：一方面是兒子出生，為父母帶來喜悅與期望；但另一方面卻是他出生時身體孱弱，疾病纏身，怕他養不大。於是，父母善頌善禱地以「見大」為名，語帶相關地祝願他健康成長。至於令父母預料之外的，相信是「見大」這名字的真意，竟然反映在他具有能小中見大能耐的特質上。

回顧李文達充滿傳奇的人生，有兩項個人特質與作風，令他可以在開拓事業的汪洋大海中乘風破浪：其一是小中見大的視野；其二是危中見機的能耐。而這兩項特質與作風，又折射出三重相互緊扣且不容忽略的重要意義——生命中、生意上，以及生活修養與文化裡的小中見大、危中見機。

生命是奇妙的。襁褓中的李文達雖然柔弱，令父母揪心，

但他卻表現出強大的生命力。對於「大仔」的身體孱弱，父母曾拜神求醫、想方設法，而李文達也能從父母的關愛中逐漸擺脫體弱，壯健如牛地長大成人。之後是成家立室，開枝散葉，晚年時更是兒孫成群。現在，李文達雖已是耄耋長者，但仍精神矍鑠，誰會想到，他孩提時是父母心中一直害怕養不大的「見大」？生命中的小中見大、危中見機在李文達身上有了清晰的說明。

現時的李錦記雖然產品遍佈全球，投資無遠弗屆，但企業由小到大一路走來的腳步，卻非旁人想像般的順風順水，而是波折重重。原來，李文達參與李錦記業務時，公司只是一家細小的蠔油庄而已，雖然生意由祖傳父已有兩代，但到他加入時，仍是停留在小規模的前舖後居、小本經營階段。青年的李文達願意加入，不介懷只是小生意，並從低做起，注意從原料供應、生產過程、產品質素，然後是推廣銷售，以及與不同層面客戶及消費者的關係等每個細節，是因為他深明「小能控大、微能知萌」的道理，並堅持只要努力灌溉，在合適的環境與土壤中，小生意也可茁壯成長起來。這種本來只屬平常的生活態度和待人處事原則，日後既形成了他「100 減 1 等於 0」的獨特人生哲學，又造就企業由小而大，發展成為跨國集團。

當然，這個由小而大的過程充滿曲折，常遇困阻：既有來

自家族及企業的管理和經營挑戰，也有來自行業及社會的生態變化，更有來自區域與全球的政經氣候起落跌宕等等，不一而足。惟李文達卻能在每次危難與困阻中堅持信念，不被逆境或危局嚇倒，反而是「每臨大事有靜氣」，沉著應戰，在危局中看到機遇，然後在關鍵時刻緊抓不放，再鍥而不捨地作出更大努力。結果，每次家族和企業上碰到危難，都因李文達能臨危不亂地應對，並憑著驚人的洞悉力作出重大決定，因而變成了發展上的重大機遇，令家族與企業得以不斷取得突破。

在有些人的心目中，蠔油只是一種調味料，不能代替糧食裹腹充飢，是可有可無、毫不起眼的東西，更不會因此想到中華文化背後的生活修養——尤其是積累數千年的飲食、中醫中藥與保健養生等文化。殊不知，這點滴蠔油背後，既凸顯了中華飲食文化的獨特之處，又折射了中華養生文化的博大精深。很簡單，一滴蠔油雖小，在烹調與餐桌上卻可發揮著畫龍點睛的作用，成為千家萬戶的至愛，不可或缺。

正因能夠小中見大，洞悉一滴蠔油背後的「小宇宙」和無限潛能，而此產品又折射了中華飲食文化的別樹一格，李文達不但不以蠔油生意規模細小而等閒視之，而是兢兢業業地把它看作傳承中華飲食文化的使命，並沿著先輩足跡

前進，先在港澳開展銷售網絡，再因應新舊金山、中南美洲及東南亞的海外華人需求日大而擴大網絡，令李錦記出產的蠔油行銷世界不少角落，為中式菜餚與飲食文化名揚海外作出一己貢獻。當然，在這個弘揚中華飲食文化的過程中，李文達同樣碰到不少危難和挫折，但他因具有轉危為機的能量，並一如既往地在危難面前堅持到底，永不放棄，最終能夠作出突破，寫下了濃彩重墨的一筆。

如果說李錦記蠔油所折射的是中華獨特的飲食文化，那麼無限極品種眾多的健康產品，顯然折射了更為引人注視的中醫中藥與養生文化。眾所周知，中華民族的醫藥和養生文化源遠流長，其道法自然、注重固本培元的哲學，更是古往今來備受重視。由於有了成功開拓蠔油市場巨大潛能的經驗，李文達在創立無限極、開拓更具中國文化特質的養生產品時，無疑更能洞悉當中的奧妙與空間，對機遇有更為準確的拿捏與判斷，令無限極青出於藍更勝於藍——儘管無限極的發展道路亦如李錦記般，並非一帆風順，惟解決困難、轉危為機的最大公因數，仍是李文達那種小中見大、危中見機的能耐。

李文達窮一生精力，鍥而不捨地以開拓醬料和健康產品為己任，既令產品今時今日暢銷全球，亦對中華飲食、醫藥和養生文化在全球大行其道的現象有所貢獻，充分揭示出

他自始至終對中華文化的高度自信。李文達青少年時，曾目睹國家民族在日軍侵略中危在旦夕，而近代中國的積貧積弱，又曾令無數國人對中華文化失去自信、對西方事物則趨之若鶩。然而他卻看到中華文化的瑕不掩瑜，並以身作則，從家族和企業做起，致力於自身發展和現代化，並從壯大家族和企業實力的這個過程中，反映出中華文化能夠吸納現代事物，從而走向現代化的韌度、包容與活力，說明中華文化在促進民族復興的進程中，其實可以發揮很好的效果。

由於李文達能夠在不同層面上小中見大，不忽略細節、不計較眼前吃苦，亦不忘點滴恩情，於是能開展大局、建立大業，並會時刻思利及人；亦由於李文達能夠危中見機，不為屈逼所亂、不遭疑懼所困，亦不讓怨恨所蔽，於是能抓著機遇、屢攀高峰，並回饋社會、貢獻家國。這些獨特品質和作風，並非有很多人能夠一時三刻輕易偷師學習，或是能夠劍及履及地實踐，因而很有必要將其以文字記錄下來，既讓子孫後代明白其創業垂統、發揚光大之不易，也讓社會大眾知曉這樣的特質與作風，有助於促進商業、經濟發展，尤其有助發揚中華飲食與養生文化。

必須指出的是，要全面而立體地展示李文達多彩多姿、充滿傳奇的人生，尤其言簡意賅地勾勒其精神面貌，著實不

容易，更不用說要結合不同時代波濤洶湧的歷史變遷。面對這項挑戰，我們多次碰到困難和障礙，亦遇到一些批評。幸好，在各界友好的協助和支持下，最終完成了這項研究計劃。在此，我們必須感謝各方友好及大小機構的鼎力協助。

首先讓我們向李文達先生、蔡美靈女士致以熱情的感謝。在每次訪談與交流時，他們不但與我們分享其人生經歷、對事物的看法，更流露了對社會及國家發展的關心。這種思想的交流與接觸，今天想來仍縈繞於心，令人回味。

同樣地，我們必須向李氏家族成員——李惠民、李美瑜、李惠雄、李惠中、李惠森及其他曾經接受過訪問的人士，包括姚達健、孟素荷、衛祥雲、陳英明、馮恩援、楊家慶、莫國棟、趙雙偉、李全勝、何羨松、李九如、李柏漢、李國立、范小剛、李植濃、甄沃南、楊潔明、鍾安祥、何兆中、曾展威、蔡昌明、何用煒夫婦、黎明基、高漢釗、楊國晉、俞江林、何永祥、鍾維康、施祖祥、鄧福泉、蔡昌道、余鈞澤、趙善政、周星琳、何奧生、許志興、鮑培莉、雷錦尚夫婦等致以衷心謝忱，感謝他們耐心的分享、真誠的合作和無私的奉獻。

其次，我們必須感謝香港大學圖書館的香港特別資料藏

館、香港歷史檔案館、新會七堡李文達中學、珠海南水李兆南紀念小學等，在不同層面上給我們提供的支援和協助，使我們克服種種困難，達至令人滿意的成果。

最後，我們更要向研究團隊的鄧福泉先生、蔡昌道先生、劉國康先生、孔君道先生、麥興橋先生、黃秉玉先生等表示衷心感謝，為了配合這次研究，他們花了很大心血，提了很多意見。正是因為他們的支持，本書的內容才能如此充實，情節才能如此完整。可以這樣說，沒有他們付出的辛勞和汗水，這個計劃同樣沒法實現。我們亦要感謝李焯芬教授的協助，以及已經仙遊的饒宗頤教授生前賜贈墨寶，至於李錦記公司行政助理林賽淂小姐的高效支援，令寫作過程得以暢順。

雖然得到各方友好和機構的大力幫助，我們仍因沒法完全掌握政局的急速轉變、歷史的曲折漫長、企業的興替傳承和人生的順逆起落，而出現一些研究上的糠粃錯漏。對於某些疑而未決、模糊不清的地方，我們雖然努力求證，但仍沒法做到完美無瑕，這是我們不想看見但卻很難避免的事情，在此我們希望讀者有以教我，指正批評，讓我們往後的研究可以做得更紮實、更豐富。

目錄

跋——

參考資料

「感謝我的祖父母、
感謝我的雙親、
感謝我的太太和子孫、
感謝我的合作夥伴、
感謝我的親友和同事。
感謝他們啟發我的智慧、
豐盛我的人生歷程。」　　————李文達

李文達和蔡美靈結婚一周年合照，
恩愛更勝新婚。

昔日渡輪上的一家大小，
李文達夫婦與五子女。

追夢年代的李文達（左二）與
日後協助打理澳門李錦記的曾展威
（右一）。

傳統衣著的李兆南，與西裝畢挺的
李文達及朋友們合照，不但有世代
之異，更有中西之別。

外遊留芳蹤，甜蜜笑容。

榮升祖父母：孫兒笑了，
作為祖父母的李文達和蔡美靈
笑得更甜。

沙田畫舫前的蹤影，會心微笑。

長城映襯下夫婦同坐駝峰，
人生能有幾回狂？

檢視超級市場貨架上李錦記產
品的位置，了解產品滲透情況。

考察不忘生意夥伴：
來個合照，留下一點足跡。

1980 年代，李文達和兒子李惠
民（右一）及李惠中（左一）
到歐洲考察，推廣李錦記產品：
父子無論衣著、裝扮和表情，
均一個模樣，果真虎父無犬子。

在岸邊收購鮮蝦，
乃確保李錦記蝦醬品質的重要
一環。圖為李文達與女兒李美
瑜在碼頭查核收購鮮蝦情況。

與前特首董建華的挽手前
行，關係盡在不言中。

捐款慈善，回饋社會，
獲贈「南方 · 華人十大慈善人
物」獎。

獲頒傑出工業家獎,實至名歸。

出席第三屆中國投資貿易洽談
會,與時任商務部長吳儀合影。

樹立家族企業傳承典範，
一家同賀。

與國家太空人合照，
感謝他們把李錦記產品帶上太空。

捐建李兆南紀念小學以紀念父親，看到每屆學生畢業，李文達夫婦總是笑逐顏開。

在四川出席健康快車發車儀式。在社會公益方面，李文達夫婦一直不甘後人。

1995 年，在大埔總部辦公樓暨立李兆南漢白玉像儀式後，全體管理層合照。

滿堂吉慶的場面，因為既是李文達夫婦八十五大壽，又是結婚六十周年。

早年蠔場採蠔情景，肥美柔軟的蠔肉，取自有嶙峋、堅硬外殼包裹著的原蠔。

第一章

危機中
尋出路

祖父自七堡逃命到南水後，為了謀生，開了個小茶寮，兼賣蠔豉……有次煮蠔做蠔豉，留下的蠔水在鍋中卻忘了熄火，煮燶咗，變成黑色糊狀，他不捨得倒掉，試一試，覺得味道鮮美，便靈機一觸拿來放在茶寮賣，並起了個好聽的名叫「蠔油」，這樣便有了蠔油和李錦記的誕生……

—— 李文達

引言

1990年10月某日，李文達、蔡美靈夫婦在幾位親友陪同下，由香港親赴珠海市南水鎮，出席李兆南紀念小學的落成典禮。新會縣七堡鎮書記趙國倉諸人，特意前往現場守候，並備妥豪華平治轎車，力邀他們於典禮後到訪七堡。由南水至七堡，這段珠三角區域內的路程並不算遠，約僅八十公里，今天駕車前往更只需要一個半小時。然而當年的返鄉之旅，竟出乎李文達意料地折騰：七堡周邊水道縱橫，卻沒橋樑相連，前前後後，要過七道橫水渡。結果舟車勞頓，抵達七堡之際，已是星夜。

碼頭邊上，小學生早已持花列隊久候，撐著還沒進晚飯的空腹，由小碼頭邊一路排至七堡鎮公所。副鎮長李國立一示意，學子們即鼓勁歡迎，然後七獅舞動，彩旗飄飄，鞭炮震天。不過李文達一發現孩子們久候多時仍未吃飯，心中不悅，馬上要求有關人員讓小朋友回家。事後，李文達致電李國立，下回如果還要讓小朋友列隊歡迎，他就不來了。除了盛大的歡迎行列外，李文達一行還詫異地望見碼頭附近高掛著的「李錦記」大招牌，以及沿路的「李錦記，餐餐陪住你」等標語。他之所以詫異，是因為李錦記當時在中國內地的業務還微不足道，銷售網絡肯定尚未及於七堡，所以那顯然是七堡鎮幹部們的「精心製作」。大夥最終抵達鎮公所享用晚餐，雖然飯菜已涼，迎賓鞭炮的硝煙依然瀰漫。李文達這時發現孩子們還站在那裡，甚怒，說

了句「有有搞錯？」小朋友才終於可以回家。

多年後，七堡鎮的地方幹部坦言，這是他們聽說李文達有意在南水投資設廠後，費心安排的搶人動作。他們自知七堡的條件遠不如人，卻亟盼引入李錦記的投資，於是計劃以大面積撥地作招徠，並盡其所能配合，更自信握有一道終極王牌──鄉情。1990年這趟頗有些超現實意味的七堡星夜之旅，正是李文達人生中初次「回鄉」。李文達是澳門之子，出生成長於澳門，但南水和七堡，不論是對李文達個人或李錦記集團而言，都具有重要的歷史意義：南水，是李錦記始創者李錦裳第一鍋蠔油──也是中國第一鍋蠔油──的誕生之地，更是李錦記的起點；而七堡，是李錦裳的原鄉，亦即李錦記第三代舵手李文達的祖鄉。

回到1990年10月七堡的那個星夜。酒飯之後，小鎮重歸寂靜，偶有犬吠。已屆耳順之年的李文達，當天深夜在鄰近的旅舍就寢前，仍為七堡上下的熱情而深受觸動。但說到要投資設廠，「七道橫水渡」的交通障礙，對任何理性務實的商人而言，顯然都不是一道可以輕易跨越的檻。李文達不無顧慮，也徵詢過同行的公司高層鄧福泉、蔡昌道意見，看法都相當一致，譬如蔡昌道直言，論天時地利人和，「七堡人和極好，但地利不行」。拳拳鄉情不敵現實缺憾，1990年的七堡，終究沒能留住李文達。

此後數年，李錦記除了與珠海市政府繼續商議南水投資方案外，佛山、深圳、廣州從化等珠三角一帶的老城新區，也都在積極招攬李錦記。這些地點，李文達及長子李惠民等人一一細心考察過，但李文達內心深處，似乎仍在南水和七堡之間擺盪。到了 1992 年，事情有了轉機。原來同年 12 月，同為新會籍的香港企業家黃克競所捐建的黃克競大橋正式通車，部份解決了七堡對外交通的困境；與此同時，當時珠海市委書記兼市長，因珠海當時投資案較多，並未對李錦記的南水投資案表現得十分積極。

1994 年，李文達攜家眷專程再回七堡拜祖，並仔細探看了李錦裳的涌瀝村 (1) 故居一帶。在幾個條件相近的投資地選項之間，李文達最終拍板，挑了條件相對遜色的新會七堡。1995 年 3 月，七堡廠區動工，翌年 4 月，就迅速完成了首期工程，開始生產李錦記醬料。

「選了七堡，家族後人才會繼續回來七堡……」李文達曾對李惠民如此解釋。今天，七堡已經是李錦記最大的生產基地，尤其是醬油相關產品。廠區佔地達到驚人的兩千畝，區內滿佈巨型的醬油缸群，經緯縱橫，供醬油原料以天然晾曬的方式慢慢發酵。李錦記是七堡最大的企業、最大僱主、最大繳稅戶，李錦記和李家在七堡的烙印極深。廠區之外，李文達在祖父的涌瀝村故居一帶，還捐建了李

錦裳紀念亭（2000）、李文達廣場（2005）和李兆南紀念亭（2006）。而七堡的李氏祠堂內，牆上高列的七賢像與七賢事蹟簡介中，也有對李文達的記載。李錦記集團更在當地陸續捐建了李文達中學（1998）、李文達大橋（2014）和無限極大橋（2017），對當地的教育、經濟發展貢獻甚大。至於李錦記七堡廠區內的兆南樓上，李文達也刻意給他的每位孩子都留了一間大房，盼能便利他們常回七堡走走、延續鄉情。

祖父的殺身之禍

要細說李文達的故事，起點當由澳門、南水，一路回溯至
七堡，這樣的迂迴足跡，既揭示了一個家族及企業由小而
大的不尋常經歷，亦折射了近代中國歷史的巨大變遷，背
後尤其說明了一個千古不易的道理：人生波折十常八九，
克服危難後總有一番艷陽天，若然無法克服，則必然令家
族掉進深淵。

李文達的祖父李錦裳，生於清末的 1868 年（同治七年），
廣東省新會縣七堡鄉涌瀝村人。李家原是村裡的務農人
家，惟李錦裳父親早逝，他自小即與寡母相依為命，並由
母親一手帶大。有關李錦裳的生平細節，李家後人所知不
多，不過李文達曾親證祖父自幼習武，身手甚好，也愛抱
打不平。

據《珠海僑務志》相關傳記的說法，李錦裳十八歲時，曾
赴縣內的會城應考從軍，並名列前茅，返家候官府徵召。
但其出色表現，卻遭同村的某個富家子弟所妒，於是「挑
起事端，圍打李錦裳」，李錦裳乃不得不逃離七堡，避走
香山縣南水墟，即今珠海市南水鎮。李錦裳在南水落腳
後，翌年才偷闖回鄉，將母親接來南水同住。另一在七堡
當地廣為流傳，亦在家族中常常引述的說法，則是年少氣

李錦記創辦人李錦裳和夫人梁糖。傳統衣著與憂鬱眼神，
揭示了李錦記草創之初的歷史背景與發展條件。

盛的李錦裳，因仗義而得罪地方豪強，在對方打算施以暗
襲的某個深夜裡，因知情的兄弟通風報信，倉促攜母出
逃，避過一劫。

說法細節上的歧異不論，在那個官府在遠、拳頭在近，而
人丁多寡、財力強弱又決定家族實力的情況下，家徒四壁
又只有李錦裳一名男丁的李家，縱使他身手再好，肯定亦
難逃殺身之禍。即是說，面對村中豪強追殺，當時的李錦
裳可謂生死懸於一線，應對稍有不慎，血脈必然從此斷
絕，遑論會有日後的李兆南及李文達等諸子孫。所謂「好
漢不吃眼前虧」，在母親的力勸下，李錦裳當機立斷地決
定逃離家鄉。而這次危難中尋出路的舉動，改寫了整個家
族，甚至是李錦記的命運。

據說，母子倆離開七堡涌瀝村後，乘船順著潭江，一路南
向，最終落腳在珠江出南海的一隅、古稱「浪白澳」的南
水。因出逃匆忙，一無所有，李錦裳在南水臨時落腳後，
曾當過搬運工、樵夫，也曾幫人養蠔、打魚、耕作，為糊
口而四處勞碌奔波，自不待言（張英龍，2009）。由於李
錦裳為人豪爽正直，與南水村民相處愉快，更與當地宗兄
李文燦結拜為兄弟，令他決定在南水安頓下來。

一兩年後，勤勞節儉的李錦裳已薄有積蓄，決定在住家旁

的一塊空地上開設茶寮，結拜兄弟李文燦更同意出資合股，共同經營，給予李錦裳支持。小茶寮座落於南水村東，亦即今日李兆南紀念小學的西側，雖毫不起眼，卻是李錦裳走上創業道路的歷史起點，成為日後經營李錦記蠔油的鋪墊。

五代「蠔」情

對於李文達家族而言，本屬平凡而常見的水產——蠔，卻具有極為重大且很不平凡的意義，更可謂緣份深厚，因為從李錦裳開始至今，家族五代人的事業與命運，皆與蠔緊密相連，甚至休戚與共。正因蠔對家族及李錦記日後的發展具有極為特殊的意義，下文且粗略地介紹其特質，並勾勒李錦記開創時期的發展。

蠔即牡蠣，閩南一帶則喚作蚵仔，也有海蠣子、蠣黃、蠣蛤、蠔白等別稱。蠔以浮游生物為食，而珠江口的鹹淡水交匯處，特別適合浮游生物繁衍，所以由珠江口東岸的深圳沙井、香港流浮山到西岸的澳門、南水沿海，歷來都是蠔鄉，既產蠔養蠔吃蠔，也善用蠔殼。而澳門舊稱濠鏡澳、濠江，其地名中的「濠」字，就是由「蠔」字衍化而來，可見珠江口與蠔的悠久淵源。

考古發現及文獻資料都顯示，中國人或早於兩千年前的漢代，就已大致摸索出養蠔之道，故有「插竹養蠣」的說法。而自宋代、元代以降，珠江口一帶的「淺灘底養蠔法」，應該已發展得相當成熟。香港風物的研究大家葉靈鳳，對此也曾有過精妙描述。(2)

蠔肉鮮美又極富營養，且容易消化，所以不論中西都有嗜吃者，歐洲人更譽之為「海中牛奶」。(3)不過與西人不同的是，中國人認為蠔「性寒」，不宜生吃，所以要不烹調後食用，要不就製成蠔豉（即將蠔煮熟後曬成乾）。蠔豉又分「生曬」及「熟曬」兩種：把鮮蠔肉擺在烈陽下晾曬數日，讓其水份蒸發、逼出油份，就是生曬蠔；而如果將鮮蠔肉熬煮後，才拿去晾曬，則是熟曬蠔。

當然，蠔還有一種更矜貴的吃法，那就是將熬煮蠔肉所得的蠔水，繼續熬煮濃縮，再加鹽製成蠔油。不過翻查1888年（清光緒十四年）前的文獻資料，尤其是珠江口一帶各縣、鎮的地方志，雖偶有提及當地的蠔與蠔田，如《新安縣志》提到：「蠔出合瀾海中及白鶴灘，土人分地種之，曰蠔田……」但是關於蠔油，卻似乎未見任何相關的早期記載。

發明蠔油

李文達家族與蠔結下的情緣，要追溯到1888年南水李錦裳經營的那家小茶寮。和很多傳世理論如牛頓因樹上掉下蘋果而想到地心吸力定律，或重大發明如弗萊明因器皿發霉而發現盤尼西林殺菌功效的例子相似的是，李錦裳發明蠔油的故事，據說也是出於偶然，然後在一番「嚐試」、思考和努力後，才令蠔油成為烹調與餐桌上的佳品。

南水盛產生蠔，所以李錦裳的小茶寮也兼賣蠔，但他賣的原是蠔豉。某天在煮蠔製作熟蠔豉時，李錦裳因忙碌一時疏忽，竟忘了熄滅爐火或移開鐵鍋，任其長時間熬煮，待想起時，鍋裡的蠔水已由乳白色湯汁一路熬成焦黑稠汁，狀甚難看，卻有一種撲鼻鮮香。

李錦裳本為毀了這好好一鍋蠔肉而懊惱不已，卻又經不起鍋中汁液陣陣鮮香的誘惑，伸手在鍋中點了一點，放入口中嚐嚐，結果發現味道鮮美，一試難忘。為了確定這種味道並非個人味覺差異所致，李錦裳除了給母親「試味」，還找了村中朋友試試，他們異口同聲的表示，與李錦裳感受一致。於是，青年企業家李錦裳開始動腦筋，思考如何將那種煮蠔留下來的汁液，轉化為商品出售的問題。

經過一番反覆試驗，李錦裳終於研究出一套較為理想的熬製方法，發現五十公斤蠔水，約可熬剩五公斤左右的精華，然後他把這些稠汁再加些鹽份調味，過濾掉鍋底渣砂，便成美味產品。他更不無創意地給這種產品取個好聽的名字「蠔油」，然後掛上「李錦記」名號，別樹一幟地開始了商業經營。李文達憶述說：

> 祖父自七堡逃命到南水後，為了謀生，開了個小茶寮，兼賣蠔豉……有次煮蠔做蠔豉，留下的蠔水在鍋中卻忘了熄火，煮燶咗，變成黑色糊狀，他不捨得倒掉，試一試，覺得味道鮮美，便靈機一觸拿來放在茶寮賣，並起了個好聽的名叫「蠔油」，這樣便有了蠔油和李錦記的誕生……

從此，李錦裳就白天收蠔，晚間熬煮蠔油，再將成品拿到街上販售。至於那種令人一嚐難忘的味道，既令李錦裳的生意如細水長流般有了穩定的收入，又積累了「李錦記蠔油」在村民心目中的位置。終於，李錦裳儲到足夠的積蓄，成家立室，完成母親多年心願，擺脫王老五的單身生活。妻子梁糖來自中山的大戶人家，令李錦裳有了更為強烈的動力與責任，必須加倍努力以孝順母親、養妻活兒。

在那個年代，李錦記蠔油大受歡迎，自然招徠他人競相模仿生產，南水頓時冒出不少蠔油庄，據說沒多久就發展到

十多家的規模。而珠三角一帶,因蠔油聲名漸揚,江門、石岐、廣州等地的商人到南水採購漁貨時,往往也會順便採購蠔油,蠔油的區域市場逐漸成形。不過南水蠔油當時最大的出處,卻是銷往澳門。(4)

面對南水蠔油市場惡性競爭及品質參差不齊的亂局,李錦裳有何秘訣突圍而出,打響李錦記的招牌?李錦記草創初期的營商表現,因1902年南水的一場大火,今已毫無紀錄可查。不過憑現存零碎資料的整理推敲,加上家人口述歷史資料的補充,可推斷李錦記當年的情況。

企業草創之初,李錦記無疑只是一家細小的蠔油庄而已,不僅生產規模不大,產品也只有蠔油一項。但李錦記的口碑甚好,很早就樹立起「蠔油品質最佳」的名聲。這種聲譽,當然不是憑空得來。家族中世代相傳,甚至已成「祖訓」的說法,是李錦裳在製作蠔油時,堅持選用新鮮的蠔肉熬煮,只用品質好的調料調味,並會確保加工過程乾淨衛生。

其次,李錦裳年輕時仗義豪俠的作風,一貫未變,而這顯然也有助他在南水的人和,拓展營商網絡。他在南水經營小茶寮時燒欠條的事蹟,至今仍為鄉人傳頌。所謂燒欠條,是李錦裳在每年過年時,都會將上一年的所有欠條燒

燬。小茶寮的顧客都是打魚人家，生活艱難，每年總有不少人賒賬吃喝後，沒回來清還欠款。李錦裳也不計較，不論原因是客人家裡有人蒙難還是手頭拮据，他把欠條在農曆年前都拿出來燒了，一筆勾銷就是。這個故事，李錦裳之孫李文達，自小就常聽父親李兆南反覆講過，且會刻意轉述李錦裳的原話：「不要讓欠條成為下一代的負擔。」李錦記既有「品質最佳」的名聲，李錦裳為人行事又深得鄉民稱頌，大家自然樂於幫襯，所以李錦記當年的生意可謂相當成功。不過更重要的，是李錦裳為李錦記確立的核心價值：品質至上、誠信不欺。

火災侵襲後再尋出路

有了李錦記的一家門店，成家立室後的李錦裳，家宅更加興旺。一方面，雖然店的規模很小，但生意蒸蒸日上；另一方面，妻子過門後，孩子相繼出世，事業和家庭都熱鬧起來，令鄉民艷羨。(5) 即是說，自七堡移居南水的十數年間，由起初的打散工，到合夥經營小茶寮，然後另立李錦記蠔油庄，再將店舖開在商舖林立的南水街，李錦裳一路走來，明顯拾級而上，在那個年代而言，也算是事業有成了。

可惜的是，當生活日見安穩，子女又先後出生，讓母親可

早年仍屬漁村的南水，房屋櫛次鱗比，環境恬靜。

以老懷大慰，享點清福之時，老人家卻因年老力弱去世，令李錦裳悲傷不已，自責未能克盡孝道。

正如前文提及，人生波折十常八九。李錦裳經營的李錦記不斷發展，蠔油的滋味在南水四周傳播開去，而他的子女們又逐漸成長之時，不幸的事卻又悄然而至，將李錦裳殺個措手不及。而他在那個困難時期作出的另一次重大抉擇，再次改變了家族和李錦記的發展軌跡。

妻子梁糖為李錦裳誕下三子李兆南（即李文達父親）不久的1902年（清光緒二十八年），南水街發生一場猝不及防的大火，將大半條街道上一家緊貼一家的店舖燒個精光，李錦記蠔油庄同樣付之一炬。李錦裳欲救乏力，只能眼睜睜地看著十數年積累的財產與心血，被熊熊烈焰吞噬，盡化灰燼，其傷心無奈可想而知。

收拾心情及災場餘物後，李錦裳須作出重大抉擇：同樣是一無所有，這回該如何東山再起？又該往哪裡走？當年，他年少氣盛、孤身寡人，在母親建議下遠走高飛，逃避仇家追殺，然後有了南水的白手興家。眼前，他已由而立之年邁向不惑之年，不再年少氣盛，而且「仔細老婆嫩」，家庭責任不小。究竟是該留在南水重頭開始，還是到商機更多的澳門另起爐灶？

由於母親已經往生多年，能夠在他身邊給他意見和慰藉的人，便只有妻子梁糖一人而已。經過反覆思慮及與妻子商量後，李錦裳決定走出南水，舉家大小前往澳門。可以這樣說，這是個極重大的轉變，因為不但要在一個人生路不熟的地方重頭來過，更要在那個輕義重利，且華洋雜處的社會，過著與過去截然不同的生活。

事實上，由於澳門比南水開埠較早，作為葡萄牙的殖民地，過去一直中西薈萃，是華南地區中貿易甚為發達的地方，之前李錦記蠔油的生意，其實已出現本地銷售為副，外銷澳門甚至輾轉海外為主的端倪，所以李錦裳在深入思考後，覺得應該將發展戰線向前推，踏足澳門才能開拓更大市場。

下定決心後，李錦裳先帶同子女到母親墓前，焚香拜祭作別，然後踏上了另一征程。回頭看，李錦裳的決定不難理解：論商機，澳門當時已貴為李錦記蠔油的主要外銷之地；論地緣，澳門是少數可以由南水搭客輪直達的大城之一。百年之後，循李錦記的發展軌跡回顧，李錦裳的決定，更有著深遠的區域策略考量，並有利家族企業的茁壯成長。

結語

梅花香自苦寒來。李文達深得七堡鄉民愛戴和歡迎，與他
事業有成，能為家鄉建設作出貢獻，創造就業、帶來龐大
稅收有關；他能事業有成，又與他在接掌祖及父輩奠下的
家族企業後，將其發揚光大，作出眾多重大突破，令李錦
記名揚四海有關。至於那份家族與蠔的情緣，由祖父李錦
裳傳至父親李兆南，乃至李文達，再由李文達傳子而孫，
上下五代，他則處於承先啟後的位置。

儘管李錦裳和李文達兩爺孫緣慳一面——李文達出生時，
李錦裳剛去世，但兩人的人生經歷和應變，卻在某些層面
上有著驚人的相似：大家都曾連番面對可能沒頂的巨大危
難，卻都能在危難面前，憑著一份不屈不撓的拚勁，加上
洞悉機遇、轉危為機的能耐，屢屢化險為夷，並在堅持發
展個人事業的過程中作出重大突破，書寫了家族傳奇。

1　「涌瀝村」亦被稱作「冲力村」。

2　「新界的蠔田，多在鹹淡水交界的海邊
　　或河口。因為這是養蠔最理想的地點。
　　蠔田的底要砂石作底，同時還要雜有一
　　些污泥。沒有污泥，蠔便不容易肥，但是
　　污泥太深了，對於蠔的繁殖又有妨礙，蠔
　　怕風又怕日光，因此，蠔田的方向最好能
　　避風。翻江倒海的颱風，對於蠔田是最大
　　的損失，水太淺了使塘底的蠔直接暴露在
　　太陽光下也不行。新界的養蠔人經常將磚
　　瓦、陶器的碎片以及空蠔殼倒入田底。這
　　是蠔的最好的『家』。他們將磚塊火燒紅
　　了然後投入，說是容易生蠔。我以為這作
　　用是殺死附在磚石上的其他寄生物的幼
　　卵，以便蠔產卵其上，不受侵害，自然更
　　容易繁殖。蠔可以有八年至十年的生命，
　　養了五年，採起來的蠔，最為肥美……」
　　（葉靈鳳，1999：353-354）。

3　值得一提的是，蠔肉還富硒、鋅等微量元
　　素，被不少人視為天然的壯陽食品。

4　南水在晚清時，已有稱作「長行渡」的客
　　貨輪船通往外地，主要航線有四，即分別
　　前往江門、石岐（今中山市區）、廣州、澳
　　門（張英龍，2009）。

5　李錦裳與梁糖共有三子二女，他們依次
　　為長子李兆榮、次子李兆登、長女李銀
　　愛、三子李兆南、次女李銀秀。除李銀秀
　　生於澳門外，諸子女都誕生於南水。

青壯年的李文達與父母在一起。父母心目中體弱的「見大」已經長大，且體健如牛。

第二章

危機中成長

我原有一哥一姐,但都早夭。母親擔心我又養不大,還在
娘胎時,就為我取名李見大,寓意「一見到就快高長大」。
不過我常因此被同學嘲笑:「你見大,我見小!」於是小
學五年級時,母親為我改名李文達。

——————李文達

引言

清末至二戰前，廣東珠江口一帶的粵港澳，因為歷史、文化、語言與生活習慣等同質性強，互動頻繁，常常並列稱呼，但三地卻未在一般粵人的認知裡享有平等地位。「廣州城，香港地，澳門街」，就是這方面的具體說法：廣州在三地當中最有規模、最像樣，所以唯廣州是個城；香港稍遜，比廣州小，但也還算是個地方；至於澳門，更小，小得只像一條街，所以只配喚作「澳門街」。

然而，相對於香山縣南水墟，澳門可一點都不小，自1574年開埠後即成為華南一枝獨秀的對外港口，商貿活躍。雖因1841年香港成為英國殖民地，令澳門風光不再，並呈現了迅速沒落之勢，但始終還是珠三角一帶對外溝通的重要國際口岸。1878年5月，年僅十二歲的孫中山首次出國，就是先到澳門，再經香港乘船前往檀香山。

如果上溯五百年，澳門在歷史、文化與商業貿易上的獨特地位，更是毋庸置疑。廣州在很長的一段歷史時空裡，都是中國朝廷唯一認可的對外貿易口岸，但因夷商並不獲准在廣州居留和自由活動，於是只能落腳在明朝欽准作為葡萄牙人「永居」地的澳門。簡言之，四、五百年前，經海路前往中國的外國人，一律都要先到澳門。(1)這個彈丸之地，正是李文達出生、成長之地，讓他留下了無數生活的體會與記憶，年老後尤其常在心間、時刻惦記。

落腳澳門的兩代經營

清末的1902年，歷經災劫與危難的李錦裳，舉家由南水
移居商貿更為活躍的澳門時，跟在他身旁的，除了妻兒和
細軟，便是據說在南水大街的火災中從李錦記蠔油庄搶救
下來的唯一家當——一個八角掛鐘。在粵語中，雖說因
「鐘」與「終」同音之故，被視為不吉利的信物，但因那
個八角掛鐘歷經火災而完好無缺，似是象徵了李錦記蠔油
庄的強韌生命力，因而被李錦裳視為吉祥物，對其特別珍
惜，所傾注的感情顯然是「從一而終（鐘）」。

家族內部的說法是，初抵澳門時，李錦裳所面對的格局，
其實頗為不易。澳門和南水一樣，產蠔、養蠔，對蠔油已
經不再陌生，李錦裳因此面對更激烈的競爭。早年名聲一
度比李錦記還要響亮的榮甡號蠔油庄，(2)正是在同年成
立（勞加裕，2014：69）。李錦裳先在沙欄仔街租下房舍，
既安頓家人，也就地熬製蠔油，再將成品拿到當地的雜貨
店及酒樓販售。

雖然已經落腳澳門，但生產蠔油的原料——蠔水，則仍來
自發祥地南水。那時的李錦裳會先託南水的鄉親代為收購
蠔水，以埕裝好（數十斤一埕），再由他搭渡輪或乘小艇親
自前往，付款取料，拿回澳門後，才熬煮生產成蠔油。在

這樣的生意營運試驗成功，並小有基礎後的 1906 年，李錦裳才租下空間更大的下環街 9 號。有了這個舖面，李錦記的生意漸興，人氣漸聚，算是克服了自南水移居澳門初期各種生活與生意的適應問題。

畢竟，澳門的商業貿易遠比南水活躍，站穩腳跟後的李錦記蠔油，銷量明顯較在南水時高，就算是淡季之時，其銷量亦比南水的旺季多，更不用說旺季時的情況可能頂得上南水全年的營業額了，此點印證當初李錦裳轉到澳門另起爐灶的決定十分正確。因生意蒸蒸日上，不出多久，李錦裳已儲夠一定資本，有實力購入下環街 9 號隔壁 11 號的物業，成為有恒產一族，作為三房子孫的居所兼作坊，二十多年後，李文達便在這裡誕生，可惜那時的李錦裳已年老去世了。

有了下環街 9 號及 11 號的兩個舖面，加上子女們先後長大，李錦裳亦如很多家長般要求子女們在李錦記「幫手」當「童工」。若是要上學的，放學後便「幫頭幫尾」；若是不上學或無心向學的，則全部時間、假日無休的「由頭幫到尾」。正是由於一家人的胼手胝足、勤儉節約，不出數年間，李錦記已名聲日起，積蓄日厚。

到了 1920 年代初，已有更大財力的李錦裳，碰到當時地

二十世紀三十年代澳門新馬路上的李錦記店舖，
雖沒今天的人流如鯽，卻有一番商業氣色。

產市道欠佳，有業主放盤一個人流較旺的舖位，他曾嘗試
斥資購入不果，最終租下，此即家族口中的李錦記澳門總
舖／老舖── 今天在新馬路上兀自矗立的611號。(3)此
舖自1920年代經營至今，已近百年了。(4)

順帶一提，老舖位處的新馬路尾，正對內港最重要的十六
號碼頭，此點多少說明李錦裳的投資眼光，亦反映那時的
李錦記在澳門蠔油業的地位。新馬路自1918年建成後，
成為澳門的主要通道，而內港更是歷史悠久的碼頭區。澳
門當時還沒有外港碼頭，大小漁船、貨船和行走港澳及內
地的渡輪，都在此停泊。十六號碼頭曾是鴉片貿易和輸出
苦力的主要碼頭，1937年澳葡政府批出賭博專營權後，
專營商為方便內地及香港的賭客來澳門，收購了鄰近的中
央酒店並開設賭場，又經營大來輪船接載旅客，登岸地正
是十六號碼頭，可見其興旺。

進入二十世紀的1910至1920年代，由於企業規模不大，
初時無論是李錦裳或一眾兒子，均是「見咩做咩」（見什
麼做什麼），沒太清晰的分工，但隨著兒子們年歲漸大，
生意又進一步興旺起來，由原料採購到生產，再到銷售的
不同環節上，家人間乃有一定分工，以便各人明白本身的
責任，亦更能熟習相關環節的工作。

曾經換上新潮字體的澳門新馬路 611 號老舖,記錄了李錦記走過的不同時期。

李錦裳的三個兒子當中，長子李兆榮幫忙父親打理舖面，次子李兆登負責外出推廣營銷，三子李兆南則一貫跟隨父親在作坊內生產蠔油，精於蠔油熬煮的每個細節，也隨父親收購蠔水。李兆南十三、四歲時，見父親經常往返南水、澳門兩地購買蠔水過於操勞，就自告奮勇，開始代父親單獨前往南水收購。其時南水一帶，治安不靖，盜匪甚多，而買蠔水要用銀元。為安全計，母親梁糖就為他縫製貼身內袋裝銀元，外頭則蔽以黑膠綢衣，(5) 又在路上裝聾扮啞、悶不作聲，以避賊人耳目。

據說當時搭船，周圍全是賊人，李兆南於是全程不敢洗澡，以免銀袋外露。如此三、四年過去。然而往返南水、澳門兩地，畢竟令李兆南的精神過於緊繃，又兼辛勞，某一程回到澳門後，就因大腸熱症大病一場，下不了床，急壞李錦裳。其時李錦記已在新馬路 151 號開舖，店面就在內港碼頭邊，對外水路交通便利。李錦裳遂改弦易轍，提高蠔水的收購價，讓南水鄉親送蠔水到澳門，不再讓李兆南為此折騰。

自南水到澳門另起爐灶的二十多年間，在一家人的共同努力下，李錦記業務無疑取得不錯發展，與南水時期的情況已不可同日而語了。李錦裳便是靠著這項細小的生意，既能添置恒產，亦先後為三名已長大成人的兒子討媳婦，讓

他們開枝散葉。資料顯示，在澳門紮根下來的李氏家族，不但生意蒸蒸日上，李錦記的品牌日響，人丁亦十分興旺。李錦裳共生三子二女，而第二代的三房中，李兆榮就有四子四女，李兆登二子七女，李兆南也有二子六女。可見到了李錦裳晚年時，已儼如不少大家族般呈現了兒孫滿堂的繁盛景象。

父母的「見大」祝願

李兆南乃李錦裳三子，排行第四，他於1920年代中成家立室，妻子陳彩琴乃澳門大戶人家，為人賢淑。陳彩琴過門後為李兆南先後誕下一子一女，可惜，在那個醫療條件惡劣、嬰兒夭折率極高的年代，這一子一女均不幸夭折，這令李兆南和陳彩琴十分傷悲和憂慮，害怕香燈血脈受到影響。

1928年，陳彩琴再夢熊有兆，李兆南大喜，李錦裳亦為媳婦再傳喜訊而高興，希望她這次能為兒子延續血脈。可是，不多久，李錦裳卻染病不起，而且健康急速轉差，令家人十分擔心。最終，李錦裳未來得及見著孫子出生，便於是年年底離世，令全家上下傷心不已。由於嬰兒當時已在母親陳彩琴肚裡，家人在處理李錦裳的訃聞時，乃算他一份，為他寫上孝孫「見大」的名字，期盼他平安長大。

因早已有一子一女夭折，陳彩琴再次懷胎時又遇上李錦裳去世，李兆南給尚未出生的嬰兒取名「見大」，其實反映了內心縈繞不去的憂慮。1929年1月5日，陳彩琴誕下一名男嬰，李兆南大喜，「見大出生了」。由於有了早前一子一女夭折的悲傷教訓，李兆南和陳彩琴對初生嬰兒特別關懷照顧，可見大卻體弱多病，這便更讓父母時刻牽掛，擔心又沒辦法將他養大。

雖然襁褓中體質幼弱的見大每有「頭暈身熱」、一哭一咳時，總是牽動李兆南和陳彩琴的神經，令他們寢食難安，牽掛不已，但見大卻表現出強韌生命力，奇蹟般的日漸成長起來。或者是見大起了帶頭作用，陳彩琴接著所生的一子六女，均能健康長大，令李兆南一房枝繁葉茂。(6)

因體弱多病之故，李見大入學較晚，到了八歲才唸小一（那時尚未流行幼兒園教育）。而入學時的名字，自然是「李見大」，在澳門崇實學校讀到四年級時，由於「見大」之名常遭同學取笑，令他很不是味兒，到五年級轉讀培英學校時，(7)他在徵得父母同意後，藉著轉校的機會改名為「李文達」。李文達對於自己乳名的緣由與日後改名一事，有如下解釋：

　　我原有一哥一姐，但都早夭。母親擔心我又養不大，還在

李錦記第二代李兆南和夫人陳彩琴。李兆南仍如父親李錦裳般愁眉深鎖，
陳彩琴則似是強顏歡笑，可能折射了當時李錦記前進路程的時有風浪。

娘胎時，就為我取名李見大，寓意「一見到就快高長大」。
不過我常因此被同學嘲笑：「你見大，我見小！」於是小學
五年級時，母親為我改名李文達。

今時今日，無論是昔日同窗，或是舊時親戚，反而已經不
再記得李文達那個深具意義，但在頑皮孩子口中卻會成為
笑柄的「見大」名字了。

李文達出生和成長的 1930 年代，蠔油已成為澳門的著名
土產。內港街道上蠔油庄林立，除供應當地因賭業興旺而
湧現的高檔酒樓食肆外，主要還是外銷，例如北美的中菜
館和華僑社群消費能耐較為強大，都是重要客戶，對由第
二代李兆榮、李兆登和李兆南昆仲主理的李錦記來說尤其
如此。當時澳門的蠔油庄應有十多家，頗具規模的「四大
家」則有榮甡號、李錦記、合勝隆及福泰興。榮甡號和福
泰興的舖面，都在巴素打爾古街；李錦記與合勝隆則是同
在新馬路上。「四大家」彼此緊鄰，又相互競爭。

李錦記最強勁的對手——榮甡號蠔油庄，1920 年代就已
在澳門擁有私人養蠔場，所以由養蠔、開蠔到熬煮蠔油，
都可以不假手外人，以確保品質。李錦記則堅持使用其發
祥地南水的蠔水，購入後要經過較長時間在一個偌大的鐵
鑊中不斷熬煮，令水份蒸發，留下精純味美的精華，成為

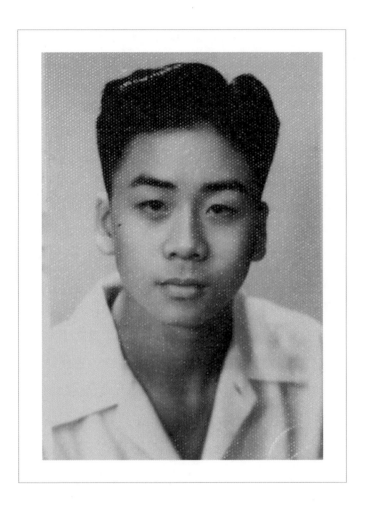

青年的李文達，眉宇間自有天地。

蠔油。由是之故，李錦記需要訂購大量南水的蠔水，令其生產成本和售價亦相對較高。雖則如此，由於李氏第二代堅持李錦裳遺訓，一心走高質素路線，李錦記蠔油又有口皆碑，故能在市場上賣得較高價錢，李錦記之名也一直穩居業界前列。

必須指出的是，由於李錦記蠔油售價高，當年並非大小家庭餐桌上常見的調味品，而是只有酒樓飯館才能負擔得起的做菜佳品。而無論是南水時期還是澳門時期，李錦記蠔油的銷售網絡早已不再限於南水和澳門，不僅珠江三角洲一帶的江門、石岐、廣州、佛山、東莞等地的大戶人家和酒樓樂於採購，海外新舊金山等華僑雲集的地方，亦常經香港和澳門的金山庄——即專做舊金山（後已遍及北美）中介代理的公司（庄）——爭相入貨，可見自1910至1920年代起，李錦記蠔油已因質素上乘而聲名鵲起，深受客戶歡迎。

不可不提的是，李錦裳當時有一項重要投資舉措，便是將點滴儲下的資金，用於購入物業，以作遠謀。他除了前述的澳門舖位或物業外，亦開始涉獵廣州物業投資，而這些投資作風，可謂深遠地影響了子孫後代。

李錦記在第二代接手後繼續保持穩健發展之時，有了新名

字，又在新環境中學習的李文達，初時亦有刻苦用功，全心投入書本之上。然而，據李文達兒時玩伴兼同窗好友何兆中憶述，李文達雖然天生聰敏，頭腦靈活，但對著死板的書本卻興趣不大，若是老師授課乏味，只是逐字逐句講述，更會令他無法在課室內「坐定定」。何兆中進而提到，或者是來自商人家族之故，李文達對數字十分敏感，對於社會上一些商業機會，分析起來時亦頭頭是道，這些特質乃李文達日後馳騁商場時，能夠無往而不利的核心力量。

事實上，在暢談童年生活記憶時，李文達腦中浮現的景象，亦甚少與求學和書本有關，令他念念不忘的，離不開生意、員工，甚至顧客。他提到，那時的李錦記規模小，是個十分傳統、典型的家族企業。1930 年代時，李錦記真正的員工僅數人，也全是七堡鄉涌瀝村的李姓鄉親。家裡人多，一有生意就全家總動員，婦孺也要幫忙。產品僅蠔油和蝦醬兩味，蠔油也沒等級之分，反正就是賣品質最好的蠔油。此外，李文達還表示，李家的第二代成員都讀書不多，很早便加入李錦記，言外之意是他自小耳濡目染，亦傾向做生意，反而對讀書則提不起精神。

童年時代的李文達，還有一件讓他印象深刻的事，對其日後的營商風格影響深遠，那就是寡言的李兆南對兒子的身教。李家賣的蝦醬，製作時需要晾曬。有一回，幫忙照看

曬場的李文達分心跑開了，回頭卻見父親正在把簸箕上因紗布外露而遭蒼蠅舐食過的蝦醬，全都扔了。「幹嘛浪費？反正沒人知道。別人家曬蝦醬，不是也偶爾會讓蒼蠅爬過舐過？」李文達心裡納悶，大惑不解。然而李兆南的訓斥讓他頓悟，蝦醬的品質在明裡暗裡都不該有絲毫妥協。家風薰陶下，品質重於一切的信念，自小即根植於李文達心中。

少年十五二十時

早在1932年，李錦記的第二代領導已因應外銷市場和網絡的重大轉變，作出了一個影響深遠的決定：將經營重心轉到已經成為國際轉口貿易港的香港，在中環皇后大道中262號開了一家店舖，作為香港的旗艦店。為此，李文達的兩位伯父先後搬到香港居住，其父親亦經常要港澳兩地走，有時甚至要在南水和廣州等地奔走，一來跟客戶溝通，二來則了解業務與行情。但是，年幼的李文達和他大部份堂兄弟姐妹們，則仍留在澳門生活、求學。

一直自認無心向學的李文達，在培英學校完成小學課程後，先是升讀廣大中學（即私立廣州大學的附屬中學），到完成初中階段後，再轉讀知用中學，當時的同學中，除了何兆中，還有李文達日後的終生伴侶、澳門殷商蔡克庭的

除了蠔油，李錦記還生產蝦醬。靠近岸邊，
收購剛捕獲的鮮蝦以製造蝦醬，乃李錦記蝦醬品質上乘的秘訣。

幼女蔡美靈。然而,中學時期的少年十五二十時,還是沒有給李文達帶來諸如《少年維特的煩惱》般的感情困擾,也沒有青春電影《那些年》般的「走堂」與「追女仔」的情節。至於曾是「校花」的蔡美靈,亦對中學時期的李文達沒有鮮明印象,顯示那時的李文達確實在班中並不突出。

李文達在課室中不太耀眼的主要原因,相信與他所關心或上心的,不是書本與學習,而是操奇計贏的陶朱之學——生意——有關。據李文達本人表示,中學階段,他見到父親在作坊中工作甚為辛苦,又自覺身壯力健,因而自動請纓,開始幫助父親煮蠔油,有時一做便是數小時,學也不上了。一般青年「走堂」是為了拍拖追女仔,他「走堂」卻是為了幫忙煮蠔油,實在大異其趣。

青少年求學時期乃無數人的美好回憶,原因是心中無憂無慮,生活多彩多姿,夢想則特別完美。李文達的青少年求學生活,卻沒給他留下太多美麗片段,所以他回憶起來時不無慨歎地說:「當年在學校或課本沒有學到什麼知識,倒是因為幫父親煮蠔油,將製作蠔油的整套工序都學全了。」至於摯友何兆中則補充說:「李文達求學時期甚懶,課業不行,但上進心強得不得了,滿腦子想做生意,而且在升上初中時已專注於蠔油了。」

其實，李文達在 1930 至 1940 年代的求學階段，貫穿了整個中國抗戰與太平洋戰爭的亂世，無憂無慮的青少年歲月尤其短暫。日軍於 1937 年發動大規模侵華戰爭時，以為只用三個月便能令中國臣服其下。然而，儘管中國軍民的武器嚴重落後，火炮不足，但舉國上下全面抗日的舉動，卻令日軍如泥牛入海般四面楚歌。到了 1941 年 12 月，為求翻身的日軍擴大侵略目標，除了偷襲美國珍珠港，還入侵香港，然後佔領了菲律賓、新加坡和馬來亞半島等地（郭廷以，1979）。

當四周已落入日軍手中之時，澳門卻因葡萄牙戰時宣示的中立地位，得以免受日軍鐵蹄蹂躪，表面上換來了和平，成了華南一帶僅有的「和平孤島」，但實際上是一種曖昧的間接統治。澳門沒實力擺脫日軍的掌控，在日軍的直接威脅下，青少年的李文達自然稚氣急退，迅速成熟，要為生活與生命的朝不保夕而擔憂。他小學時就讀的崇實學校，校長梁彥明因愛國抗日，於 1942 年 12 月遭日本駐澳門特務暗殺身亡一事，(8) 據說令他畢生難忘，亦因此激發他內心深處那股鬥志，深明國弱必然遭人侵凌，所以必須自強不息，日後更默默做事，為落實民族復興而貢獻一己力量。

危如累卵中求存

戰時經歷，無疑是李文達生命歷練中的重要一環。二戰
時的澳門，儘管社會氣氛相當詭異，但其「和平孤島」的
位置，仍是吸納了大量由內地南遷而來的難民、貿易和
資金。到了1941年底，當香港亦落入日軍之手後，澳門
的「孤島」位置便顯得更為獨一無二了，不但李文達的伯
父和父親等被迫由香港返回澳門，大量原本逃難香港的平
民，亦和其他香港市民一起轉逃澳門，令澳門這個彈丸之
地人口急升。

一方面，四周炮火隆隆，大量難民的湧入，令澳門政府實
施了糧米管制，因而使澳門屢鬧饑荒，街頭常見倒斃的飢
民；另一方面，賭業、金融業、娼妓業，甚至是走私活動
等，卻在戰時尤見興旺。逃離戰場的富人、金融炒家、特
務、漢奸和土匪等，則在此地享受難得的紙醉金迷（黃啓
臣，1999；常青，1999）。

對於那種詭異畸形的社會環境，只是青少年的李文達每次
外出均提心吊膽，有時察覺到自己與死神擦肩而過，更會
冒出一身冷汗。在訪談中，他告訴我們曾親眼目睹殺人而
食的人間慘狀：「我們當時住在下環街，某天看到有個人
拿著一串內臟去街市，捉住他後，發現他竟然是在下環街

香港淪陷期間，澳門因葡萄牙宣佈中立，幸保和平，不少華南難民因而湧到澳門，
令其人口驟升，糧食乃供不應求，身無分文者總是飢腸轆轆。

後的鵝眉街，那排已經倒塌的舊屋裡宰人。剛被宰的是個
女士，當然是找最肥的先宰。很容易的，兩個人拿著麻包
袋，一套，把對方的頭敲暈，就可以了。（那時）死很多
人。」

同樣，當年仍是青少年的何兆中，也提到「和平孤島」時
期澳門出現的吃人肉情況，並對其慘狀心有餘悸。他回憶
道：「當時澳門有東西吃，但很難買，日本人把內地的糧
食都拿去作軍糧了……餓死不少人。年輕人在街上搶了
女人買的麵包，當場吞吃，你打他也照吞，被你打死好過
餓死。街上常有餓死的人，不過將他們抬到山頂醫院一解
開肚皮，會發現肚裡全是粟米（馬粟）。舊時澳門街有跑
馬場，有人肚子實在太餓，連馬糧也吃。但是這些粟米太
粗，人沒辦法消化，就這樣死去。」

由於澳門的所謂「和平」其實氣氛詭異，飢腸轆轆的威脅
及感受又十分難熬，加上覺得戰時亂世，和平似乎遙遙無
期，李文達指其伯父們和父親商量後，決定暫時將三房分
開，各走一地，以分散風險。至於哪一房該去哪裡，則由
抽籤決定。李文達的大伯娘是新會七堡人，二伯娘是廣州
人，母親陳彩琴則是澳門人。

巧合的是，抽籤結果，三兄弟竟然都抽到自己妻子的祖

籍，即李兆榮去七堡祖鄉，李兆登去廣州，而李兆南則留駐澳門，偶爾還要負責冒險跑回香港，盡力維持李錦記在皇后大道中的店務。不過李兆榮回到七堡鄉下沒多久，四十多歲就因病過身了。

捱過一段黑暗歲月後的 1945 年 8 月中，日軍終於宣佈無條件投降，抗戰取得勝利。所謂「大難不死，必有後福」。曾經目睹殺人而食的慘狀，又曾身處死神縈繞的環境、生命危在旦夕的李文達，顯然對於戰爭結束、重見和平而萬分雀躍。那時的他剛完成初中課程，在那個年代而言，算是擁有不錯的學歷了，所以他期望走出校門，投身社會，一展所長。

闖蕩廣州

熬過戰爭亂世的李文達，對於前景頗有一番不同看法。在他的心目中，書本上的知識雖然重要，但太死板了，社會大學的挑戰或「考試」，才能真正測試一個人的真材實料，所以他時刻等待著真正考驗的到來。結果，戰爭結束了，和平社會以文明方法靠真功夫作考驗的時機到了，不甘蟄伏的李文達向父母提出個人看法，決定不再繼續其高中學業，要去闖一番事業。

此時的李錦記，三房人在和平後又在澳門重聚，雖說相別兩三年間恍如隔世，但傷痛過後又需重新起步，重建家園和生意，尤其要繼承李錦裳留下的祖業。於是，三房人在深入商議後決定重組港澳業務，其中重點，則放在已經變得極為重要的香港業務之上。扼要地說，三房人決定將香港的李錦記改成股份公司，然後從頭開始，開拓市場。在李文達的一眾堂兄弟中，李文光、李文疊、李文安、李文勇等因為年齡較長的關係，早在戰爭爆發前已加入公司，到了香港工作，自然成為和平後開拓業務的主力。

對於這種情況，洞察世情的李文達父親李兆南，自然十分清楚地意識到，那時剛走出校門的李文達，要進入家族企業，以他身為第三房子嗣的身份，加上家族男性成員眾多，實在難以出頭，亦並非好事。於是，他認為，與其投身李錦記，不如「往外闖」，這樣或許更有發揮的空間。有了這個重要看法後，他乃建議年僅十七的李文達，於1946年和兩位同鄉小兄弟北上廣州，另闢蹊徑，主要工作則是負責打理李錦記自祖父開始已在廣州購下的物業，放租和收租，並在大德路的一間舖面中生產和銷售蠔油。

正如前述，李錦記在李錦裳晚年時，已在廣州開展了投資，主要是購入一些規模不大的物業單位。到第二代接棒後，亦沿著這個投資方針前進，將部份盈利投放到較可

保值的多項物業上，廣州反而是長遠投資的重點。(9) 和平後，這些物業的價值漸見上升，而「廣州城」的市場潛力，看來又確實較「香港地」和「澳門街」巨大，所以李兆南在與妻子商量，並考慮了李文達的實際情況後，得出了寧可要李文達前往廣州闖蕩的決定。

由於李文達早前已學會了熬煮蠔油的整套功夫，這趟闖蕩廣州，父親乃提議他在大德路的店舖裡設個作坊，就地生產。李文達回憶時說，父親說什麼，他都言聽計從，並立即在大德路開設了蠔油作坊，將生產的蠔油，每天騎著單車親自給廣州街頭的各大酒樓和雲吞麵舖等送貨。在一番努力下，業務取得了一定成績，因而令他頗感滿意，亦引以為傲。

說實在的，只有十六、七歲的李文達，那時已身兼多職，既有大伯生前的管理角色，又有父親的生產技術，更兼具二伯的經銷手法，基本上是集管理、生產和推銷於一身。李文達能充份掌握當中的竅門，無論是賬目或資源調配方面都條理分明，自然令父親刮目相看。正因如此，李錦記蠔油在廣州一帶的餐飲界中，名氣漸起，李文達因而做得更加起勁，有了另一番美好夢想。

可是，當廣州業務取得初步成績，且形勢看好之勢，內戰

再次爆發，國共兩黨因為爭奪政權兵戎相見，大好生意最終又因難敵亂世而支離破碎。1949年，共產黨徹底打垮國民黨，解放軍南下，進駐廣州。由於時代變化，李文達受父命放下在廣州的事業，重返澳門。

其實，與此同時，李文達生命中最重要的人，恰恰也在廣州。1949年，曾是中學同窗的蔡美靈，正孤身一人在嶺南大學求學。不過這兩位亂世中的同齡同鄉，並未在廣州碰面。其後李文達因時局變幻返回澳門，蔡美靈本來正要準備動身北上哈爾濱，不過蔡父反對，並派出兒子將女兒接回澳門，兩人的姻緣才能在澳門輾轉開始。

結語

回頭看，南水墟大街中的一場大火，雖然燒去了李錦裳的財物家當，但沒影響他對事業的追求，亦沒阻礙他對事業的洞悉力。他在深思過後選擇遷居澳門，顯然是他察覺澳門已逐漸發展成區域蠔油市場的中介點之故。接著的發展狀況，又印證了他的準確判斷，因而令李錦記發展日旺，名氣日漲。到他去世不久，三子在香港中環皇后大道中開舖，並將李錦記生產、銷售的重心移往香港，然後又在廣州陸續購置物業，維持了大德路上的一個李錦記舖面，確立李錦裳生前「粵港澳李錦記蠔油庄」的投資綢繆和市場

曾在廣州騎單車送貨的李文達，與他的送貨「坐騎」合影，一貫的堅毅自信。

定位，此舉進一步揭示李錦記的生意，在兩代人的努力下，已經有了截然不同的一番光景。

作為李錦記第三代成員的李文達，出生與成長均伴隨著危難與困阻。幸好，李文達似乎遺傳了李錦裳那種對事業的熾烈追求，以及在危難中總能尋覓出路與機遇的基因，令他得以克服危難，並從中找到更大的發展空間。於是，我們可以清晰地看到，儘管他在讀書方面缺乏積極性，興趣不大，但做起生意來拚勁十足，賬目管理有條不紊，因而能夠初入商場就取得一番成績，令人嘖嘖稱奇。可惜，外圍政經環境的急速轉變，讓他初試啼聲之舉戛然而止，必須轉移陣地，另覓一展所長的舞台。

1　明末清初的著名學者屈大均，曾在其1678年成書的《廣東新語》中提到：「番人於二灣中聚眾築城，自是……諸澳悉廢，而蠔鏡獨為舶藪。」所謂「澳」，是粵人對可以停靠商船之舶口的通稱；而「蠔鏡」一詞，則是澳門舊稱。在1689年時，屈大均又曾在其題為《澳門》的詩中寫道：「廣州諸舶口，最是澳門雄。」可見澳門當時的商貿地位。

2　榮甡號的創辦人曾氏亦於1902年來到澳門，他先在內港開了一家海味店，兼在店裡販售自家製作的蠔油，成為港澳地區的首家蠔油庄。榮甡號和李錦記一樣，也是憑手工製作蠔油時一絲不苟的態度，建立名聲。與澳門極有淵源的孫中山，據說也是榮甡號蠔油的忠實擁躉，革命成功後身在南京時，還特意請人到榮甡號代購蠔油。1934年，榮甡號又獲澳葡政府邀請，到葡萄牙波爾圖世博會參展，風光可謂一時無兩（勞加裕，2014：70）。

3　老舖地址原為新馬路151號，後因街號調整，才改為611號。

4　李錦記應是於1920至1922年間在此開舖。當時舖門還是上木板的。店裡零售蠔油時，會掛一塊布遮住內室，外頭則擺了個裝蠔油的大玻璃罐。如果顧客散買蠔油，得自己拿碗來盛。又，老舖當前的格局，是1932年重新裝修後才確立的。

5　黑膠綢俗稱莨綢、雲紗，是廣東一帶的特產布料。製作時，先以薯莨汁在絲織物上塗層，再用含礦物質的河泥覆蓋，讓它經陽光曝曬後起化學作用而成。

6　李文達原有一哥（李明揚）一姐（李金蓉），卻都在兩歲左右夭折，所以他反成了長子，下有六名妹妹及一名弟弟李文樂。

7　澳門的培英學校位於雅廉訪大馬路44號，今已不再存在了。

8　梁彥明還是澳門華僑教育會會長和國民黨澳門支部負責人，乃當時的社會領袖（鄧開頌、陸曉敏、楊仁飛，2011：141）。

9　據說，當年李家第二代傾向在廣州而非香港和澳門置業，是因為他們認定，香港和澳門終究是殖民地，長遠而言在那裡投資並不安全。

自立門戶，當了小老闆的李文達，一身西服坐在辦公室內處理事務，氣派油然而生。

第三章

危機中創業

自廣州返到澳門後，父親不同意我加入李錦記，我便說那
不如自己做生意，他同意，並將他在新馬路的一間舖給我
做店面，於是我便自立門戶。當時主要做貿易生意，將一
些港澳採購的百貨轉售至葡屬東西非⋯⋯

————————李文達

引言

在任何社會中，個人的賢愚或是勤惰縱有不同，家族的貧
富大小雖有差別，但所面對的大環境與時局轉變，則沒有
兩樣。經歷漫長的抗戰歲月，到 1945 年 8 月取得最終勝
利後，舉國上下自然熱切期待社會和平安穩，以重建家
園。李文達在那個年代亦急不及待地走出校門，投身社
會，並在父親指示下隻身遠赴廣州，協助家族生意，初試
啼聲。

然而，中國的政局卻非如普羅人民的期許般出現「大亂之
後有大治」的局面，而是在 1947 年中旋即爆發另一波勢
頭更為猛烈的內戰，令生靈塗炭。國民黨在這場內戰中迅
速潰敗，共產黨則取得勝利，於 1949 年 10 月建立了新中
國，奉行社會主義，取代了原來的資本主義。面對這種政
治形勢的重大變化，身處廣州剛參與李錦記生意的李文
達，尚未決定去留時，父親李兆南已由澳門帶來口信，令
他立即由穗返澳。而這樣的一個簡單決定，卻深遠地改變
了他生命中的運行軌跡。

新時局的應變

在訴說李文達返澳後的遭遇之前，扼要地勾勒李錦記在1930至1940年代的重大發展，既有助了解李錦記成功突圍的竅門，又可明白李兆南對兒子未來事業發展的一些想法。正如上一章中提及，在李錦裳去世後，全面接掌李錦記的第二代，打出了「粵港澳」李錦記蠔油庄的市場定位，並在一番努力下，於1930年代基本上實現了在廣州、香港和澳門三地都有業務的目標，至於部份盈利與積蓄，則甚有遠見地投放到物業上。

話雖如此，那個年代，李錦記最主要的營業收入，其實來自北美洲的海外華人市場，反而粵港澳只佔很少份額。這種局面，一直維持到1990年代李錦記排除各類障礙、積極進軍中國內地市場後，才逐漸逆轉。除了市場重心自1930年代起其實已日漸偏向海外，李錦記蠔油之所以能夠突圍而出，又與其產品強調高質素，定位為高檔蠔油的市場策略有關，由於開拓海外市場的運輸成本不菲，高檔貨較有競爭優勢。

資料顯示，1930年代，在澳門的四大家蠔油庄中，單從門面看，李錦記或者沒榮耀號般風光，但在北美洲的華僑圈內，名聲卻更為響亮，第二次世界大戰前甚至遠在南太

平洋中部的大溪地（Tahiti），也能找得到李錦記蠔油，也
賣得甚好。(1) 當時李錦記僅有「舊庄蠔油」一款產品，已
如鶴立雞群般十分突出，至於成功關鍵，據李文達口授的
秘訣，則是「一滴水都不加」，蠔油純用大量蠔水攪拌熬
煮而成，所以品質上乘。當然，這樣的生產過程，成本自
然較高，售價亦不菲，李文達補充說：「只有這些華僑買
得起、吃得起。」(2)

事實上，李錦記的聲譽，正是奠基於海外華僑社會，而在
往後的半世紀裡，才漸及大中華地區。到底李錦記蠔油的
具體售價為何？與其他的物價相比又有多高？李文達在某
次接受傳媒專訪時，舉過一個例子說明：「1945年，一瓶
蠔油賣到一塊八毛港幣……普通做工的人，一個月掙十
塊錢港幣，也就是五瓶多蠔油，真的好貴……但是我們
品質好。」（武雲溥，2013：81）

服務李錦記已逾六十載的澳門老員工曾展威，則在另一則
傳媒報導中提到：「當時工人薪水才八塊錢，一瓶蠔油得
賣一塊二，一般人買不起……」（《壹週刊》，2014：77）
曾展威雖然並沒具體說明「當時」所指的是哪個年代，但
據此描述，一般工薪家庭每個月傾其收入，也就只能買到
六瓶多蠔油。

順帶一提，蠔油品類與價格的差異化，是李文達在1970年代掌舵李錦記後，才逐漸引領出來的新景象或新定位。此後「舊庄特級蠔油」依舊維持高檔次，「熊貓牌鮮味蠔油」走中價路線，「財神蠔油」則更貼近於基層。但這已是後話。

由於開發市場的箭頭在海外，廣州則以穩守物業並拓展酒樓飯館的生意為主，所以李兆南1946年命李文達北上時交代的任務不多，主要是坐鎮打理這批物業。反而年紀輕輕的李文達，卻在生產蠔油上頗有乃父之風，推廣業務亦有板有眼，令李兆南甚為意外，覺得孺子可教。其實，家族在廣州那批數量可觀的物業，又從某個側面反映了李錦記自1932年東遷香港開舖後，確實已在北美洲市場薄有小成了。

換個角度看，當年帶著兩位同鄉小兄弟北上廣州的李文達，本可以悠閒當個「收租佬」，若是一般紈絝子弟，一來父母不在身邊，二來又有錢銀「揸手」，實在可以花天酒地、夜夜笙歌了。但是，滿腦子都是生意，並且有意拚一番事業的李文達，卻閒不下來，所以憑著跟父親學來的手藝，在廣州做起蠔油的生產買賣，並因掌握其法而令生意漸起，銷售網絡得以擴張。

可以肯定地說，如果當年不是碰上內戰又起，然後是形勢
急轉的改朝換代，李文達極可能就會以廣州作為個人事業
的據點，在發揚李錦記蠔油業務之餘，也尋覓其他一展身
手的舞台，在內地開創營商的另一片天，而他的傳奇人
生，亦必會有截然不同的內容和篇章。

1949年廣州解放後，時局變化帶來的重大挑戰，遠非青
年李文達力所能挽，儘管他曾嘗試保住廣州李錦記和父親
李兆南多年積累下來的物業，惟新的地方執政當局只是發
下許多文件，以各種名目理由沒收了這些屋業，業主則只
能換回少許象徵性的補償，別無選擇。到了晚年，李文達
在談到這事時，還是充滿愧疚遺憾，並不無感嘆地說：「很
對不起，父親他們買下的廣州物業，全散了，沒了。物業
全在廣州啊。」因為這次的慘痛經歷，李文達直到1970年
代末鄧小平改革開放，才對中國政府改觀。

當然，回頭看，那時剛滿二十歲但已年少老練的李文達，
其實還沒真正參與蠔油生意，他自戰後到1949年的數年
間，與蠔油事業的關係仍是若即若離、淺嘗輒止而已。至
於當時政局出現的重大變化，則令擔心兒子人身安全的李
兆南，迅速作出了愛子深切的本能反應，寧可要求他返
澳，謀定而後動。而自幼極為孝順，並對父親言聽計從的
李文達，那時儘管對於拋下廣州的一切感到不忍和可惜，

解放前的廣州，西式建築林立，商業活躍，
剛踏出校門的青年李文達，曾在那裡推銷李錦記蠔油。

但還是很無奈地離開了廣州。

人生的際遇總是難以用科學角度解釋的。回到澳門後，李文達經歷了兩件大事——不加入李錦記蠔油庄，而是另起爐灶初次創業；以及雖然在廣州時與昔日同窗蔡美靈緣慳一面，但大家均從廣州返回澳門這個出生成長的地方，然後情牽一線地邂逅，談婚論嫁，結成了終身不二的伴侶。蔡美靈對李文達往後人生歷程的影響，極為深遠。

創業澳門

懷著不甘與挫敗的心情，李文達於 1949 年由廣州回到澳門。雖然廣州多年的投資化為烏有，惟李錦記在港澳的基業尚在。一般而言，返到澳門後，李文達應加入當地的李錦記，或是如其他堂兄弟般轉到香港，但是，李兆南仍然懷有顧慮，因此堅持 1946 年「外放」長子到廣州的初心，還是不願讓李文達加入無論香港或是澳門的李錦記。

李兆南覺得若李文達加入李錦記，未必能有出頭的機會。事實上，就算是李兆南本人，由於他乃幼弟，在三兄弟中又較寡言嚴肅，只是集中精力於生產，所以亦覺得很難盡展所長。雖則如此，李兆南腳踏實地的投資，卻讓他在三兄弟中突圍而出，那便是他總會將手頭上的餘錢，儲夠之

後便買入物業，作為長期投資，為三房的後續發展鋪墊了重大基礎。

如果不讓李文達加入家族事業，那要幹些什麼呢？世界形勢受冷戰與貿易禁運的牽引，令當時澳門的內外經濟環境欠佳，商業貿易更是疲不能興。李兆南給長子的一個看來不算選擇的選擇，便是自己創業。具體地說，李兆南將新馬路上的一間店舖，交給李文達自由發揮，作為創業的根據地。新馬路無疑是澳門半島上少有的主幹道路之一，而該舖面就座落於新馬路129號，(3) 既與李錦記的澳門老舖（151號）離得近，更重要的是同樣貼近繁忙的內港十六號碼頭，地利甚佳。李文達、李文樂兩兄弟，當時就住在店舖樓上。

不過，重要問題還是：該搞些什麼生意呢？1950年的李文達，不過二十一歲，面對這個人生中初次創業的抉擇，頗費思量。李文達沒去碰澳門當時的三大主流產業爆竹、火柴、神香，也沒有如一些貪圖逸樂的二世祖般把金錢投放到賭枱上，碰碰運氣。他的大方向是發展貿易，運用澳門在國際商業中的中介地位，運轉中西。而他那時已經敏銳地注意到，澳門和同屬葡萄牙殖民地的數個非洲地區之間，(4) 因為經濟與社會發展的差異，但卻享有特惠稅的便利政策，在商業貿易上頗有可為，因而促使他決心放膽

一試。李文達對於自己當初如何走上創業之路一事，這樣娓娓道來：

> 自廣州返到澳門後，父親不同意我加入李錦記，我便說那
> 不如自己做生意，他同意，並將他在新馬路的一間舖給我
> 做店面，於是我便自立門戶。當時主要做貿易生意，將一
> 些港澳採購的百貨轉售至葡屬東西非……

1950年代，葡萄牙在非洲的殖民地，尚有維德角（Cape Verde）、葡屬幾內亞（Portuguese Guinea）、(5) 聖多美和普林西比（São Tomé and Príncipe）、安哥拉（Angola）、莫桑比克（Mozambique）。這些地區直到相繼獨立後的今天，都依然是低度開發的窮國，遑論當時。維德角、葡屬幾內亞和聖多美是小國寡民，無足輕重；安哥拉和莫桑比克則相對地廣人多，各據於非洲大陸的東、西兩方，故澳門人口中的「葡屬東、西非」，指的主要是這兩個地方。兩地的天然資源甚豐，製造業與工業發展卻極為落後，這種現象，曾有學者指出與葡萄牙本土的政經糾葛有關。

簡單地說，出現這種發展落後的主要原因，在於某些行業——譬如棉紡織業內，只要具政治影響力的葡萄牙本土大企業不願在當地遭遇競爭，該製造業或工業領域的發展，就不免會遭到刻意壓抑，而產業便會在缺乏競爭的情

況下半死不活，最後拖累了經濟發展。所以直到 1950 年代，偌大的安哥拉和莫桑比克境內，竟然只各有一家棉紡織廠生產相關產品（Clarence-Smith, 1985: 165）。這就是兩地雖窮困，卻仍對低階工業產品和日用品需求殷切的重要原因。

值得指出的是，葡屬東、西非對相關產品的需求，加上葡萄牙當局針對殖民地之間貿易的特惠稅務安排，卻讓相對來說輕工業最為發達的澳門，佔盡了便宜。1957 年，葡萄牙更索性通過立法，豁免了殖民地彼此間貿易的所有稅項（Clarence-Smith, 1985: 165）。這等於是建立了一個葡屬地的自由貿易圈，類似英聯邦內部的免稅協定，令澳門的出口加工業一度顯得甚為興旺。

李文達敏銳的商業觸覺與才幹，在此頭角嶄露，沒過多久即摸索出該怎麼著手的竅門。李文達在回憶時提到，在 1950 年時，他先是利用舊同學的網絡，在新馬路 129 號開了家「達生皮具公司」，主要是銷售手提袋和皮箱等用品，貨源來自同樣在香港賣皮具和手提袋的前崇實校長梁彥明之子——老同學梁義民。(6) 然後，他又在奔走於香港及澳門的同行之間，觀察到澳門及香港某些洋行已懂得利用澳門的特惠稅條件，專做各種各樣輕工業製品，出口到葡屬東、西非的生意。

李文達於是有樣學樣，跟著在香港採購製成品，再運到澳門，轉售葡屬東、西非。第一年售賣的貨物品類比較雜，什麼皮箱、手提袋、成衣、雨傘、膠鞋、膠桶、肥皂等等，應有盡有，沒有什麼偏好，其中更有由香港德忌笠街洋行購入的化妝品，(7)總之好賣易賣就行，賣完離手。

順帶一提的一則有趣故事，是李文達曾經向莫桑比克賣出大批黑色雨傘。他初時不明所以，以為當地陰雨不斷或太陽太毒辣之故，所以當地人要人手一傘，後來才知道原來在莫桑比克一帶，當地人出席喪禮時，有撐黑傘的習俗。

然而，這種取巧式的運作維持不到一年，就被澳門經濟局發現，並向李文達提出警告，要求他出口到葡屬東、西非的所有輕工業商品，都要確實在澳門生產，否則就無法再獲得出口准證。李文達指出，他起初選擇不自行在澳門生產，是因為「根本不知道怎麼做」。到他明白到生意的運作之道後，決定調整生意方法和心態，他給自己的挑戰是「既然這樣，便迫著自己生產」。

於是，他進行摸索，並很快掌握了生產工序、原料供應和人手招聘等的秘訣。接著，他又找好廠房和機器，然後在1952年順利開辦了「文生皮具廠」，真的搞起實物生產來，且在短短的數年間，將生產線擴充，由一間廠開到六

位於澳門新馬路 129 號的達生皮具公司，李文達創業的起步點。

間廠──儘管那時每間廠的規模其實很小。這樣，李文達旗下工廠所製造的皮具、雨傘、成衣等等，便名正言順地外銷到葡屬東、西非的市場上了。由此可見，李文達做起生意來十分靈活，充滿幹勁，亦極具效率，幾乎沒有什麼東西可以難到他。

那時六間工廠所生產的商品，誠然都是低檔次的工業製品而已，並不複雜，技術含量甚低，各家廠房的規模也不大。不過，青年李文達深懂靈活變通的企業家精神，果斷決策與積極進取等幹勁，已顯露無遺。據 1950 年李文達經營達生皮具公司時就追隨他的老員工曾展威回憶，那時李文達所辦的工廠，生意「一直做得非常好，有兩間廠在澳門還很有名氣。」

李文達在訪問時也承認，達生皮具公司其實賺不了什麼錢，不過文生皮具廠則獲利甚豐。工廠的業務於 1960 年全部結束，(8) 原因卻非無利可圖，或李文達加入香港李錦記後無暇兼顧，而是與曾經深得他信任的得力助手──張盛文(9)的財務舞弊有關。不過李文達創業初期的關鍵數年裡，更重要的一段機緣，其實是重遇昔日同窗蔡美靈。

邂逅舊同窗

緣份是奇妙而難以捉摸的。李文達和蔡美靈儘管都出生和成長於澳門，並且曾為同窗，但中學畢業後便各分西東。若非仍有緣份的紅線將其連結在一起，很難想像他們可以在茫茫人海中重逢、碰面。事實上，兩人雖然在抗日勝利後不約而同地到了廣州，卻失諸交臂，直到1951年，才在李文達經營的達生皮具公司裡重逢。

蔡美靈出身澳門望族，外曾祖父為清朝「中興四大名臣」之一的彭玉麟。(10) 曾祖父蔡永基誥授知府銜，攝理福建建寧府甌寧縣事，官至四品，後調職台灣省，上任時途經澳門，適逢清廷於1895年甲午戰敗後簽訂《馬關條約》，將台灣和澎湖割讓給了日本，乃改在澳門落腳。祖父蔡鶴鵬是澳門同善堂的四位創辦人之一，也曾與高可寧、盧九等人合作過鴉片煙生意，(11) 影響力甚大。父親蔡克庭，則是香港聖士提反堂中學第三屆畢業生，思想進步、為人俠義。(12) 蔡氏進步思想的一個重要面向，就是他不從三妻四妾的時人風尚，畢生只娶一妻，而這一點和李文達之父李兆南十分一致。蔡美靈的母親前後共生養了十九位子女，惜僅十一位長大成人，蔡美靈則排行第十七，女兒當中排行第十，年齡最小。

1950年代，蔡克庭曾同時擔任澳門的觀音堂、媽閣廟、蓮峰廟三廟的值理會和鏡湖醫院主席，望重一時，更是澳督眼中的華人代表，澳督宴客時有資格坐在其身側，社會等級甚高。至於李兆南一家，雖然算得上小有所成，卻難以比擬。蔡家除了社會地位出眾，經濟實力也雄厚，當時仍擁有許多房產，且家族成員都具文化素養，孩子們個個畢業或就讀於金陵大學之類的中國當代名校。蔡克庭本人也常與地方文化人互動，而濠江文化界至今仍津津樂道的一件蔡家往事，就是1949年初，畫家張大千曾應邀到蔡克庭的澳門大宅小住三個半月，一時傳為佳話。

蔡克庭位於澳門郵政總局後大堂街14及16號的中式院落，人稱「蔡家大屋」，1980年代初被拆除，改建為永基大廈。蔡美靈和其弟蔡昌道都曾提到，蔡家大屋高兩層，面積整整有三萬平方呎，裡頭共有三進，內有兩個花園。蔡克庭二子蔡昌鸞在重慶時，就已經結識張大千，和他成為至交，蔡克庭於是乘1949年初張大千赴香港和葉恭卓合辦畫扇展之便，邀其來訪澳門。

張大千一家當時就住在蔡家大宅樓下的右前客房裡，寓居澳門期間，他每日清晨都會與兒子心一（Paul），牽著兩隻由泰國重金買來的長臂烏猿，於議事亭前地及大三巴等地散步。(13) 這段逸事，濠江文化人士皆耳熟能詳。張大

張大千（右四）及李文達外父蔡克庭（左五）與蔡
氏家人當年合照留念。

千臨行前，將他畫展上的非賣品《唐人秋獵圖》贈予蔡克
庭，並為幾位蔡家子女在四件白緞旗袍上作畫，以謝其盛
情款待（姜舜源，2012）。

不過張大千寓居澳門期間，蔡美靈正面臨人生的重要轉
折，無暇他顧。1948年她於廣大中學高中畢業，年方
十八，還不確定自己要選擇什麼樣的人生。某位朋友打算
去香港的養和醫院考看護，邀她作陪，結果朋友沒考上，
蔡美靈卻考上了，所以之後半年，她曾在養和醫院裡學習
看護課程。後來廣州的教會名校——嶺南大學到香港招
生，蔡美靈前往報考，竟又考上，於是放棄未完成的看護
課程，於1949年去了廣州上大學。

1949年正值大時代的風雲變幻，廣州易幟，起初校園內
及社會周遭似乎並沒大變，蔡美靈未即刻動身返回澳門。
不過，沒多久她就碰上抗美援朝的風潮，校園環境也開始
躁動。蔡美靈在訪問時這樣說：

> 當時強調學生都要下鄉去「三同」——即同吃、同住、同
> 勞動，我也被迫跟大隊。每天都有小組討論，每個人也都
> 要寫自傳，然後上頭就會將這些自傳相互對照，捉有問題
> 的人物⋯⋯當時根本沒什麼書讀。記得因為要落實共產，
> 他們收了某人的一處果園，園主大怒，很不甘心，於是漏

夜叫人砍去果園內的所有果樹。後來他被捉，要打靶。上頭就要我們這些學生，每人拿著一枝彩旗，一隊隊到那裡去看打靶，看得我全身顫抖。緊接著上頭又慫恿我們去參軍，全都要去。可是參軍要幹些什麼呢？不如去當飛機師。可是我卻不夠高，也不夠重，當不了飛機師，所以他們就要派我去哈爾濱學俄文。

蔡克庭知道么女在嶺南大學的實際情況後，很憂心，就叫七兒子蔡昌桓趕去廣州接回妹妹。據蔡家兄弟之一的蔡昌明追憶，蔡美靈去嶺南大學就讀時，正是七哥幫忙帶去廣州的，所以父親曾對七哥說：「妹妹是你帶上廣州的，現在你要負責把她帶回澳門！」蔡美靈因此趕在尚能脫身之際，匆匆離穗返回澳門。大學學業突然中斷，蔡美靈不免感到遺憾，但她未放棄學習，於是轉到澳門的珠海書院，主要修讀會計，並開始在德明學校兼職教書。

1951年某日，蔡美靈在新馬路一帶逛街時，被某家店舖的手提袋吸引，走了進去。她在這家達生皮具公司裡，看到了一張熟悉面孔，認出老闆就是她在廣大中學時期的同學。這是兩人事隔五、六年後的再度相逢，然而整個重逢與邂逅的場景，卻不如電影或一般人想像的情節般浪漫，因為靦腆的李文達，竟然感到有些不知所措，於是悄悄地走出了店外。

李文達顯然一直對蔡美靈很有印象。他曾回憶中學時代，自己跟蔡美靈雖是同班同學，但「她有很多追求者，沒看過我一眼。」其老朋友兼老同學何兆中，也說蔡美靈當時「真的漂亮，每個男生看見她都很喜歡。她是校花中的校花。」不過，李文達固然靦覥，但一如何兆中所說，李文達其實也是「澳門十大美男之一」，不乏傾慕及追求者。

掉進愛河

在達生皮具店裡再次邂逅昔日同窗之後，李文達對蔡美靈念念不忘，卻苦於沒有機會再次與她接觸。但澳門是個小地方，居民彼此認識，年輕男女同輩間的消息，也很容易傳開。蔡美靈追求者眾，1953年的某個夜裡，舊同學之一的廣興泰爆竹舖太子爺陳榮熙，替蔡美靈在另一位舊同學的大屋裡組織了一場生日派對，邀請一眾舊同學參加，但同窗的何兆中和李文達卻沒被邀請。

對此，李文達很感失落，坐立不安。何兆中看透他的心思，是掉進愛河了。於是，他就厚著臉皮帶了李文達上門，不請自來。李、蔡二人就這樣在同學大屋的派對上四目交流，令蔡美靈感到意外，兩人再一次情深款款地相遇。對於當年掉進愛河的感覺，日後回憶起來的李文達，還是很激動地說：「一見番面之後，就有啦，真係就識佢

一個。」（自從再遇之後，我就沒有再結識其他女孩，就只有她一個。）

然而，由相遇跳到相戀，故事並非平鋪直敘。那一場生日會後，李文達下了決心，每日傍晚離開達生皮具公司後，就上大堂街14及16號的蔡家大屋看望蔡美靈。但蔡美靈當時已經有男朋友，於是坦白相告，請他不要再來，免得「被人打」。但李文達不管，執意下班後天天來、準時到，蔡美靈上街外出時，他也在那裡等著。蔡美靈回憶時說：「我被他的恆心感動。」李文達後來更進一步，改到蔡美靈教書的德明學校接她，為此還遭到學生「畫公仔」戲弄。蔡美靈的男朋友催她訂婚，但他住在內地，而蔡美靈已經被在嶺南大學時「同食、同住、同勞動」的「三同」嚇怕了，不肯跟他返回內地，兩人遂無法開花結果。

李文達誠懇兼豪爽的性格，逐漸擄獲蔡家大屋內眾多「姑姑婆婆」的歡心。蔡美靈的祖父蔡鶴朋膝下子女眾多，而蔡美靈的這些姑媽出嫁後，姑丈們又是三妻四妾，遇有生活上的不順遂，蔡克庭都歡迎她們回娘家住，於是蔡家大屋不僅屋大，聚居的家族人口也十分可觀。蔡美靈回憶說，李文達很會做人，上門時會帶著一大罐瑞士糖來，讓一大家子的人都有糖吃。九姑婆和蔡美靈的母親也很喜歡他，李文達成為深得蔡家一眾姑婆歡迎的人物。

當時蔡美靈還有個叫曹文達的追求者，某天上門，門婆幫他開門後，還沒來得及開燈，昏暗中蔡美靈的母親問：「你邊位啊？」「我文達。」「坐啦。」豈料燈一開，發現不是李文達。蔡美靈當時就在房裡，其母卻對曹文達說：「阿美唔喺屋企，佢出咗街啦。」（阿美不在家，她出門啦。）母親這麼說，蔡美靈當然就窩在房裡不敢出來，但卻看清了母親的心意。

兩人後來掉進愛河，頻頻約會，感情穩定了之後，蔡美靈發現李文達常愛在街上各類高中低檔食肆林立的路段，刻意帶她上中低檔的食肆吃飯，再私下觀察她的反應。不過，在共同經歷了逾一甲子的婚姻後，李文達應該會為自己當初的「考驗」感到無謂。事實證明：蔡美靈持家，遠比李文達來得節儉，這是他日後訪談時有意無意間已作出了說明的。

蔡家在李文達的初創事業上，還幫過他一個大忙。雖然並非門當戶對，但蔡克庭沒反對么女和李文達交往。蔡昌道指出，李文達和蔡美靈公開戀情，並會見了雙方家長後，某次李文達與蔡克庭見面，未來外父問他「在做些什麼事」，李文達回說是皮具公司，然後提到同時也開始要生產貨品賣去葡屬東、西非時，蔡克庭立即介紹了澳葡政府的副經濟局長給李文達認識。當時的正局長是羅

李文達與蔡美靈拍拖照——目光一致、相依相偎。

保（Pedro José Lobo），副局長叫 Monteiro，是個葡萄牙人，因情婦就租住於蔡家大屋，而與蔡克庭相熟。李文達本人則提到，Monteiro 後來確實給了他不少方便。

蔡克庭沒找人去調查李文達，李兆南倒是找人查了蔡美靈的家庭背景。然而李兆南在乎的，顯然不是蔡家的財力。李兆南似乎滿意蔡家相對單純的家庭環境，儘管蔡美靈的祖父蔡鶴鵬妻妾三人，叔伯也有不少妻妾，蔡美靈的父親卻能信守婚姻，終身只娶一妻，與李兆南一生只願和妻子同偕白首的婚姻觀念相同。

父母的身教顯然潛移默化地影響了李文達和蔡美靈，二人相守至今，雖然吵過架，卻不曾鬧過緋聞、不曾有過婚外情。李文達多年來在正式的場合講話與受訪時，也往往不厭其煩地一再闡述家庭和諧，個人的生活才會幸福，家族企業才可能興旺長存的簡單道理。道理簡單，但要一生不渝地堅守實踐，卻是很不簡單，不少家族企業正是因此而命運轉折。2008 年 4 月 9 日，李文達獲美國百森商學院（Babson College）頒授「傑出企業家學院獎」的殊榮時，在演講中再次強調：「李錦記是一個家族的生意，我認為要持續經營家族生意，最重要是中國人所重視的『家和萬事興』。」

李錦記後來發展出家族憲法，李文達想要將「三不」——就是「不准離婚、不准有婚外情、不准晚婚」寫入其中，卻因為家族委員會的成員無法對晚婚一項達致共識，未成條文。無論如何，李文達以此「三不」嚴格律己，也以此要求他的所有子女。這種重視家族與婚姻的價值觀，毫無疑問與他和蔡美靈六十幾年的美滿婚姻體驗有關。

終成眷屬

由1951年在達生皮具店重遇昔日同窗，到掉進愛河拍拖傳情、彼此交心，然後確認對方為自己終生伴侶，到了1953年底，乃有了談婚論嫁的具體行動。李文達雖沒提及當年採用了何種羅曼蒂克的方法向蔡美靈求婚，但卻十分肯定作了「與子攜手、白頭偕老」的莊嚴承諾，蔡美靈則回應會與李文達同甘共苦、廝守一生。轉眼六十餘年過去，2014年12月23日，李文達在紀念夫婦六十周年鑽石婚的晚宴上，曾深情地目視蔡美靈，說有幸與她同行六十載，「是上天給我最大的恩賜，令我今生無悔。」

李兆南夫婦知悉兒子和蔡美靈可以拉埋天窗，自然十分開心，因為蔡美靈既出身大戶人家，又知書識墨、賢良淑德。而蔡克庭夫婦對於這宗婚事，同樣雀躍，因為李文達為人正直、精明幹練，又有積極上進的鬥心。正因為雙方

家長對彼此家族乃至一對戀人的個性和為人，都有深入了解，談婚論嫁時的禮金和酒席等問題自然好辦，而共同目的，則是為新人辦一場開開心心、熱熱鬧鬧的婚禮，作為祝福。

在經過一系列傳統納吉、問名等禮儀後，雙方家長本來已經擇吉於 1954 年農曆二月為新人擺酒結婚。怎料李文達的二伯父李兆登因病於大年初七去世，令家族上下瀰漫著悲傷。於是，雙方家長商量後，將婚禮延期，重新擇吉後於該年 12 月 23 日舉行。

到了大婚當天，李文達和蔡美靈在一眾親人好友的見證下，先在香港註冊，完成莊嚴的法律程序，然後再浩浩蕩蕩地回到澳門，在當時最高級的酒店——中央酒店——舉辦隆重婚禮和酒席。當年身為伴郎的蔡美靈弟弟蔡昌道回憶時說，那次婚禮隆重而熱鬧，除了兩家親屬，一對新人在澳門的舊同學也成為焦點，婚禮中難免會有一些捉弄新人的情節，令各方賓客笑聲不絕。

李文達和蔡美靈這次隆重的婚禮，曾有香港報章作出圖文並茂的報導。當日拍下的照片早已發黃，但仍完好無缺地保留在李錦記集團的檔案庫中。舊照片中，一對新人發自內心的那份喜悅，家人親屬的微笑，與他們當年的歲月一

1954 年李文達與蔡美靈大婚：禮服有中西，相愛無不同。

起，歷久不變地記錄了下來。

李文達至今仍對那場以他和妻子為主角的婚禮感到驕傲，
因為那不僅有來自兩個家族的祝福，朋友的支持，更有他
自己細心思慮由頭到尾操辦的足跡，尤其對婚禮深得賓客
欣賞感到得意，說當時「很威風，整班（澳門）警察、樂
隊都來助興。」由於兩個家族在香港及澳門均人脈廣、朋
友多，所以將整個中央酒店擠得水泄不通，成為當時澳門
少見的熱鬧婚禮。

除了婚姻註冊和大排筵席以招呼雙方親戚朋友，一對新婚
夫婦隨後又回到香港仔和元朗等地補請賓客，其中尤為重
要的，便是宴請元朗區供應蠔水的客戶。原來，自韓戰之
後，聯合國對新中國實施「貿易禁運」，因而令李錦記一
直依賴的南水一帶蠔水供應斷絕，而當時的應對方法，則
是找上了元朗流浮山區的養蠔戶，向他們尋求蠔水供應，
並逐漸建立起緊密關係。由是之故，碰到了自己人生的大
喜事，李文達特地攜同新婚妻子赴流浮山大園酒家，擺起
「蠔」情喜宴，款待一眾「蠔」客，其舉動尤其讓人看到，
即便是李文達個人的婚禮，他還是面面俱到地考慮了未來
的商務聯繫，心思細微，可見一斑。

自廣州返到澳門而自立門戶、自己創業，就算是開辦工廠

合兩家之好的李文達、蔡美靈大婚，兩家親人多代人的大合照，好不熱鬧喜悅。

投入生產，亦表現得頭頭是道，生意蒸蒸日上的李文達，
做生意不忘談情，最終如願以償，娶得美人歸，結束單身
生活，組織自己的小家庭，令人生進入了另一階段。婚後
的李文達，明顯有了更大的責任，而他積極上進的性格，
又將那份沉甸甸的責任轉化為更強大的鬥志和動力，令他
可在偌大的商海中乘風破浪、不斷前進。

錯信好友

情場得意並能贏得美人芳心而組織自己小家庭的李文達，
不久卻遭到了好友背叛，令他甚感挫折，更要十分無奈和
不忍地和一手創立的事業一刀兩斷。原來，李文達能夠在
短時間內興辦工廠，並可由一間開到多間，迅速成長，業
務蒸蒸日上，其實得力於張盛文這位幹練的疏堂姻親襄
助，而他與張盛文合作的機緣，說來卻又相當偶然。

張盛文較李文達年長，更重要的是他有很豐富的人生歷
練，曾在官場中打滾，一度是頗威風的權勢人物。李文達
和他在廣州時已經相識，且相當親近，但對張盛文的為人
和背景則了解不多。自離開廣州返回澳門後，李文達便再
沒和張盛文有聯繫了。

1951年某日，李文達竟偶然地在街角某處和張盛文重

遇，他當時在街角的小攤上賣著香煙。李文達回憶時指出，原來解放軍進入廣州城後，張盛文夫婦即匆匆逃往澳門，可是卻難在澳門謀生，生活甚為潦倒。李文達知道張盛文是個聰明且有才幹的人，頗有些手腕，覺得他正好能補充自己在某些層面的不足，更何況他還是姻親兼舊識。於是，李文達請張盛文到其達生皮具公司詳談，並當面邀請他到公司幫忙。張盛文窮途末路，當然樂於接受工作，而李文達至今清楚記得，他當年慷慨地給了張盛文五十元月薪的優厚待遇。(14)

李文達當時正籌劃辦廠，而他初出茅廬，不免事倍功半，故希望張盛文能在這方面給他襄助。張盛文也不負所託，文生皮具廠就是他倆合作的結果，並因此深得李文達信賴。此後，張盛文主要幫忙打理廠務，而李文達則負責在香港購入工廠生產所需的各項原料。廠務蒸蒸日上，賺了錢，李文達對張盛文也愈加信任，交付更多。他把他在政府機構熟悉的官員，全都介紹給張盛文，由他去打理經營關係，財務方面也都放心交給他處理。

1954年初李兆登去世後，堂兄弟開始叫李文達回李錦記工作。於是1954年12月底婚禮完成後，李文達就和蔡美靈定居香港，正式成為香港李錦記的一員。不過李文達並不願就此放棄自己創立的達生、文生等業務，何況香港的

李錦記業務對他來說甚為簡單，輕易即可搞定。於是，他想出了折衷之道，就是每日在李錦記的舖頭裡，先接聽張盛文從澳門打來的長途電話，瞭解了今天生產所需的原料後，他就馬上再打本地電話安排，以他的高效率，「三兩下手勢」（簡單動作）就可辦妥。然後，貨船就會運送相關的原料到澳門，交給那六家工廠生產。

然而，李文達一直不察的是，張盛文原來並不老實，上下其手，在李文達全不知情之下「穿櫃桶底」（虧空公款）。1959年時，負責看顧達生店面的曾展威，開始發現張盛文有問題。他尤其注意到有支票寄到店裡，寫的收款人卻是張盛文。(15)曾展威於是跑去跟老闆報告，但李文達聽罷，只是點了點頭，沒說什麼。對當時李文達作出的那種反應，到底是因為李文達太信任張盛文，所以不疑有他？還是因為張盛文把業務經營得非常好，李文達仍不願和他翻臉？曾展威不得而知。

1960年，張盛文說要把業務都交還李文達，但他那時提出要還給李文達的公司，其實已經是一個徒剩空殼的公司。張盛文在澳門打理業務的那些年月裡，透過和政府官員經常交際應酬，早已建立起自己的人脈和商業網絡，他已經不再需要李文達了。

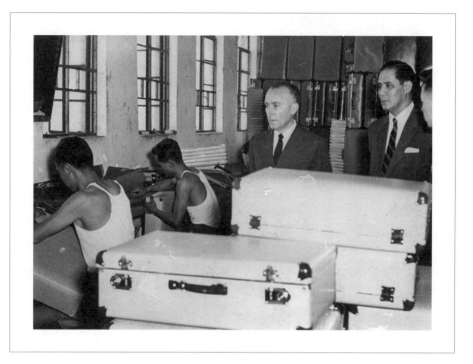

政府官員參觀文生皮具廠，了解生產狀況。

李文達一度考慮要接過爛攤子，繼續經營工廠，但最終還是放棄。他初次創業，雖成功賺到了第一桶金，且是相當沉甸甸的一桶金，但結局還是非常不圓滿，因為他識人不明，錯信了張盛文。李文達非常憤怒，他以為他在張盛文最潦倒的時候，扶了張盛文一把，又待他不薄，理當得到他的忠誠回報，但人性往往並非如此。因為這事，李文達對人的信任，似乎從此打了折扣，開始更重視「看人」。

自此之後，他依然為人豪氣、敢於授權，但他最信任的朋友、代理商、下屬，往往都是歷經長時間考驗的，因為時間才是最好的信用紀錄。李文達用人，也開始更加注重人品，講究誠信，不再把下屬的能力擺在第一位。2012年底，當李文達接受某刊物專訪，被記者問及他用人的標準和對信仰的看法時，他說了幾句簡單卻意義深遠的話：

> 問——您選人的標準是什麼？
>
> 答——能力排在第二位，最重要是心好。我認為如果一個好人沒有能力，他可以請有能力的人來幫他，只要有這個量度就好。如果心不好，沒有人會來幫忙。天底下有本領的人很多，有誠信的人很少。
>
> 問——您有信仰嗎？
>
> 答——我不信宗教，信因果。做好事，你不一定好；可是做壞事，你一定不好。（武雲溥，2013：85）

無論如何，李文達很快就將創傷擺到一邊。他的腦子繼續快轉，思考著該如何搞好李錦記和另覓創業良機。而文生皮具廠的落幕，也意味著澳門迅速退出了他的視野。1960年代以降，澳門對李文達來說，已經太小，他的事業和生活重心，開始徹底地投放到香港。

結語

美國電影《阿甘正傳》中有一句令人玩味的話：「人生有如一盒朱古力，你永遠不知道將嚐到哪種滋味。」的確，人生際遇並非任何個人能預料或抗衡的，有甜有苦，滋味自知。自新中國成立後，人生軌跡出現轉變的李文達，與同樣面臨人生轉折的蔡美靈，在澳門這個細小的社會重遇，擦出火花，成就一段甘甜美滿的婚姻，傳為佳話。

相對而言，李文達與同樣改變了人生軌跡的張盛文在澳門再遇，儘管曾經向對方伸出援手，交託信任，卻遭到背叛，令他蒙受損失，因而影響了他日後用人任事的作風和原則。所謂「經一事，長一智」，歷練確實可令人增長智慧。抗戰勝利後正式踏進社會的李文達，經過第一個十年危機與困阻的洗禮後，不但學習到不少營商辦事的經驗，也積累了很多與人相處的閱歷，為他日後更上層樓的事業，作了極好的鋪墊。

1 大溪地是南太平洋諸島中華人移民最多者，以客家人為主。

2 北美洲的華僑社會，最早期以廣東的四邑人為主，隨後香山（中山）等縣的人也漸多。例如香山人多前往夏威夷一地；三藩市則有台山、新會人；芝加哥和紐約兩埠，也多是四邑人。這是粵菜系的調味品如蠔油，能廣受思鄉情緒濃烈的當地華僑歡迎的社會基礎。不過百多年後的今天，局面已經大變：以廣東人為主體的北美洲舊華僑社會，已漸為福建新移民所淹沒。至於來自華東、華北各省的留學生與專業移民，也日益增多。

3 129 號是新馬路門號調整前的舊號，現門號不詳。

4 1951 年 5 月 1 日，因修改 1933 年憲法並廢除《殖民地法》，葡萄牙已經在形式上終結其殖民帝國，內化殖民地為所謂的「海外省」。1955 年 7 月，在中國政府反對下，葡萄牙仍逕行宣佈澳門為其「海外省」。

5 1974 年獨立後，國名為「幾內亞比索」（Guinea-Bissau）。

6 梁彥明因在澳門「風潮時期」從事愛國抗日活動，1942 年底遭日本人派人殺害。

7 德忌笠街 1963 年已改名為德己立街（D'Aguilar Street）。

8 達生皮具公司則是於 1970 年代才結業。

9 化名。

10 清朝「中興四大名臣」的另外三人是曾國藩、左宗棠、胡林翼。

11 澳門當時並不禁鴉片煙。第一次鴉片戰爭前，歐洲人輸往中國的鴉片，主要是透過澳門這個窗口；香港割讓予英國後，澳門的中轉地位才被香港取代（黃啟臣，1999）。然而 1919 年後，香港跟隨英國的政策逐步取消鴉片貿易，澳葡政府則因財政緊絀而沒有這樣做，鴉片商於是轉回澳門繼續經營（Booth, 1996）。

12 溫鼎銘（1990）在〈我所認識的蔡克庭先生〉一文中提到，蔡克庭為拱北北嶺人，抗戰前曾在澳門開設「三和公司」，經營汽油等生意，並擁有俄國麵包公司和廬山影相館。其「花尾大渡」號客輪，則行走於澳門至三埠（開平）航線。抗戰爆發後，蔡克庭基於愛國義憤，曾接受北嶺鄉民要求，兼任過北嶺鄉鄉長。日軍攻佔拱北地區後，不少北嶺鄉民逃往澳門避難，蔡克庭更全數予以接濟，將其「花尾大渡」號客輪停開，泊於澳門筷子基，安排家有老少的難民暫住，又以其「三和公司」廠

房作為單身難民的棲身之所，還按月給難
民發糧發錢。

13 據說張大千在澳門的生活十分規律，每日
    清晨即起床，然後與兒子牽著兩隻長臂烏
    猿，從蔡家大屋出發外出散步。他會沿羅
    結地巷走下議事亭前地，再由聖玫瑰堂右
    轉至賣草地街，直上大三巴，然後繞過聖
    安多尼教堂到白鴿巢公園晨練，從不間
    斷。

14 參考前文引述 1945 年時普通工人每月收
    入約「十塊錢」計算（武雲溥，2013：
    81），則當時張盛文的工資已是普通工人
    的五倍了。

15 當時信封的封套，往往甚薄，曾展威因此
    發現信封內的支票。

相同的目光與方向：李文達和年幼的李惠中。

第四章

危機中摸索

我加入李錦記後，發現原來沒事幹，就只賣一種蠔油。所以這一年，我打了整整兩百天麻將⋯⋯當時常去梁志峰的萬國殯儀館那裡打麻將。某天經過殯儀館的禮堂，看到一副材質很好的空棺，就去「試睡」，默默躺在那裡，思考自己百年之後，到底會留下什麼？該留下什麼？別人又會怎麼看我？

————————李文達

引言

1950年代初，如果說國際及地區政局急速轉變，然後在
波譎雲詭的環境中走向自力更生、各有發展，那麼，剛進
入雙十年華的李文達，則算是在渾沌狀態中於澳門踏出了
個人事業的第一步。無論是達生皮具店的開業，或是文生
皮具廠的投入生產，把產品外銷葡屬東、西非等，當中既
讓人看到他的營商能量，又可察覺到他那股積極打拚的雄
心壯志。至於生意頗有一番氣象，工廠開完一間又一間，
印證了民間俗諺中「寧欺白鬚公，莫欺少年窮」所言非
虛。更加吸引不少人艷羨目光的，自然是李文達能抱得美
人歸，於1954年娶得了蔡美靈這位大家閨秀，並且搞了
一場盛大婚禮，令他成為彈丸之地「澳門街」其中一位知
名人士。

李文達於1950年代中結束單身生活的同時，家族及企業
內變化再起，因為一直主理李錦記對外業務的二伯父李兆
登，於1954年不幸病逝，此變化既給家族帶來悲傷，同
時亦影響了企業的發展。由於李文達自廣州回到澳門後自
行創業，取得不俗成績，又已成家立室，李文達的堂兄弟
們在李兆登去世後乃邀請李文達加入李錦記，並希望他能
由澳門轉到香港，為工作日多、發展日漸出現新變化的李
錦記出力。至於李文達在思考過後，加上徵詢父母親意見
後獲得支持，接受了堂兄弟們的邀請，重投李錦記懷抱。

重投李錦記懷抱

作為家族的一份子，李文達當然對李錦記這家由祖父一手創立，父輩們又投入不少汗水心血的企業感情深厚。事實上，他從小就在煮蠔油、裝蠔油、賣蠔油的環境中成長，可說是吃著蠔油與李錦記一起成長的。到了初中時，他更曾充當「小學徒」，在幫忙父親煮蠔油時，「睇頭睇尾」，打理店內各項雜務。當然，那時的李錦記，生產重心已不在澳門，而是轉到了香港，加上李兆南又在李文達踏出校門後，刻意將他外放廣州，不讓他沾手李錦記在香港和澳門的業務，所以才讓人覺得李文達與李錦記頗有距離，甚至像個局外人。

扼要地說，到了1954年初，當二伯父突然因病不幸辭世後，由於家族企業的領導與人力資源出現微妙變化，已經自力更生地闖天下多年，從創業和營商中積累不少經驗的李文達，就成了李錦記的招手對象。李文達的堂兄弟們，很自然地想起這位已經成家立室、過去一直在幹自己生意的家族成員。至於所謂正式加入，就是李文達開始受薪。

當時李文達的月薪雖有港幣二百五十元，看似不少，但其實在1954年的香港而言，卻不算很優厚，因1950年代起香港的經濟與房價，隨著大量難民湧入而遠比澳門上升得

快，租金尤其因為房屋供應嚴重不足而持續飆升。例如李
文達搬到香港後要租地方住，租金便高達一百二十五元，
即佔了他每月收入的一半。

加入李錦記的最初十年間，年輕力壯、能量充沛而辦事效
率極高的李文達，反而覺得無法在李錦記中盡展所長，原
因當然與李錦記無論產品、市場，甚至管理等不同層面，
都停留在傳統保守的營運模式有關。此外，家族的其他成
員也甘於現狀，不夠進取，對一心奮進、希望成就一番大
事業的李文達來說，可謂有志難伸。他對自己的能力很有
自信，也對自己的商業觸覺非常自負，更是家人、朋友公
認的「做生意狂」，「除了做生意，沒別的嗜好」。(1)沒事
可幹，想幹什麼卻老是被擋下，或是沒法主導大局等，讓
李文達非常難受。

多年後回顧，李文達仍抱怨說，他加入李錦記後，發現竟
然沒事幹，就只賣蠔油和蝦醬，所以在第一年，他「打了
整整兩百天的麻將」。據他本人的回憶，那時他總是很快
就把公司的業務處理完畢，而所謂業務，也就是去那些金
山庄的庄口走動走動，收錢、取單、應酬他們，或是去工
商署辦點手續。而1960年前，李文達在澳門的達生皮具
公司和那六家工廠，也都還在運作，李文達每天就透過長
途電話，在香港李錦記遙控業務，張羅生產原料。但這些

位於港島皇后大道中 262 號的李錦記蠔油庄店舖。

他「三兩下手勢」就能辦妥，長日仍甚無聊。

此外，李文達還得應酬金山庄，因為他們「大晒」（意即主導了北美的貿易生意）。不過，他在與金山庄交手的過程中，看出了李錦記營運上的問題。他敏銳地點出金山庄兩頭賺佣，即是一塊錢的貨，他們可以賣到一塊二，既收客戶的佣金，也賺廠家的佣，實在很過份。這種不滿，李文達深藏內心多年，早就思考著要如何擺脫金山庄，自搞一套李錦記的銷售體系。豈料他的堂兄弟們，個個都不贊成他這麼做。

李文達的堂兄弟們明顯安於「可以賺些錢」的現狀，不願冒險，這令李文達覺得很不甘心。李錦記的蠔油在海外有市場，銷售卻受制於人，像給人「叉住條頸」（捏著脖子）。到了1960年代，他又向堂兄弟們提議投資買個貨倉，以改善李錦記產品的物流，應對季節性產品需求變化，提升議價還價能力，但同樣遭到否決。這類保守與奮進的點滴矛盾，都成了1970年代初李家三房分家的伏筆。

無論如何，在既有的限制內，李文達還是努力提升李錦記的營業額，盡可能地在各方面作些改善。例如1960年代，李文達親自設計了李錦記的新商標和包裝，希望令李錦記的品牌形象更加突出。1969年，為改善澳門李錦記

的業務，他還想出搞批發的點子，讓李錦記在澳門的營業額回升，解決澳門業務的虧損問題。(2) 所謂批發，就是開始向澳門的大食肆（如葡京酒樓）、大餅家（如顯記餅家）等，推銷大罐裝的蠔油，交對方自行處理分裝。這些食肆和餅家等，很可能就會以自家的名義分裝零售，而這種策略十分奏效，因而給李錦記帶來不錯發展。

打進「延年會」網絡

因為一個「閒」字，李文達在李錦記以外，積極探索其他商機，精力充沛、腦筋靈活，時刻不願停下來。1955年他到香港後，因為人豪爽，容易相處，加上又重情義，很快就廣交各路朋友，尤其是商場上的麻將牌友，逐漸建立起自己在香港的人脈網絡，其中最為重要的，是稱為「延年會」的朋友圈網絡。

回頭看，李文達長期強調的「永遠創業精神」，不但屬於基因的一部份，源自天性，亦很可能是從精力充沛與人生經歷中激發出來的。事實上，「永遠創業精神」的本質，就是不安於守業，不滿足於當前狀態，所以便要不斷創新、不斷突破。而所謂突破，就是做以前沒做過的事，永不放棄。

李文達對自己的商業觸覺極有信心，在整個 1960 年代，
他接觸過不少行業，以合資或投資的方式，在各個領域裡
試探、磨練經營之道，也確實不斷獲利。而他之所以能碰
觸到不少行業的投資機會，還是與他所認識的人有關，至
於「延年會」的網絡，就是當中重要的一環。

李文達到了香港加入李錦記後，很自然地必須與被視為
「米飯班主」的金山庄建立關係，(3) 展開網絡互動。金山
庄當時和有關聯的廠家們，組成了一個「大食會」（即經
常性飯局）性質的聯誼組織，叫作「延年會」。李文達曾透
露，延年會當年的會員不多，僅四十來位，他也是會員之
一。「延年會」並沒擴充規模，多年後成員逐漸凋零，目
前仍健在的已是極少數。萬國殯儀館的經理梁志峰，是李
文達 1950 年代在澳門辦廠時就已認識的老朋友，也無疑
是這個延年會網絡裡的關鍵一員。

李文達當年常去梁志峰的萬國殯儀館那裡打麻將。殯儀館
當時仍在灣仔的駱克道 41-51 號，後來數度搬遷，現已遷
至九龍紅磡，隸屬東華三院系統。(4) 據李文達親述，某
天，他又去那裡打麻將時，經過殯儀館的禮堂，看到一副
材質很好的空棺，就去「試睡」。當他默默躺在棺材中，
思考到自己百年之後，究竟會留下什麼？該留下什麼？別
人又會怎麼看我？這種思考，與他後來帶孩子們參加喪禮

百無禁忌的李文達，因結交經營萬國殯儀館的梁志峰，不但曾在殯儀館打麻將，
更曾「試睡」棺材，思考人生。上圖是與梁志峰外遊時攝。

的實踐完全一致，即不斷反求諸己，追問自己該在短暫的
人生裡做些什麼有意義的事，又該回饋社會什麼？而其百
無禁忌、不信鬼神，重視個人的辛勤努力，不甘屈於現狀
的性格，也在此一覽無遺。

萬國殯儀館並不僅是李文達打麻將的場所。透過梁志峰，
百無禁忌的李文達，其實也看到了香港殯儀業的商機，並
在1960年代涉足過這個領域的業務。二戰之後，香港才
開始有新式殯儀館出現，提供配套的、專業的殯儀服務。
以萬國殯儀館為例，該館於1951年2月在灣仔開業時，
開業廣告就標榜「建築時代化、設備標準化、價格大眾化、
管理科學化」，頗能走在潮流尖端。1948年出版的《香港
年鑑》曾記錄了不少殯儀館，全都集中在灣仔摩理臣山道
一帶，(5) 不少鮮花店和石碑舖，也因此開在那附近（《華
僑日報》，1948）。然而到了1970年代，在激烈競爭的淘
汰下，全港只剩下三家殯儀館，且都已經集中在北角，可
見生意的不進則退，永遠創業精神不能或缺。

李文達看中的商機，是壽材生意。眾所周知，香港的壽
材，過去來自中國內地，尤其柳州，但1950年代起卻因
國際政局轉變，令中國內地的壽材輸入斷絕，台灣則成為
了新的壽材主要來源地，其中以梨山地區尤為重要，而退
守台灣的國民黨政權，則因全力投入經濟建設而鼓勵在港

華商到台投資，提供稅務優惠，令營商環境變得十分吸引。李文達在打理李錦記的同時，亦在 1960 年代多次往來香港與台灣之間，尋找商機。

在這段時期，李文達另一個比較顯著的投資領域則是房地產。投資房地產是傳統智慧，加上或許是受祖父及父親等的影響，李文達一直都對房地產業懷有熱情。當時，他在這方面的合作夥伴，是梁志峰和許雄。李文達於 1972 年執掌李錦記後，也曾基於分散資產的考慮，於 1990 年代涉足房地產投資。此外，李文達也曾與人合作投資餐飲生意，沙田著名的「沙田畫舫」即是其一，它是在停泊的畫舫上經營中式菜館，以海鮮聞名，曾是當地一道風景，可惜在 1984 年因沙田填海發展新市鎮而結業。

李文達當時的投資夥伴許雄，本名許志雄，曾是何添 (6)——即號稱「澳門王」何賢的哥哥——的得力助手，也曾襄助過香港的梁昌，(7) 人脈豐沛。他雖身在商場，但文化素養頗高，書法尤其出眾，而李文達也好書法，兩人可謂志趣相投。但更重要的是，許雄具有深厚的人脈資本，這對李文達而言乃巨大助力。

許雄也常與李文達和梁志峰等「延年會」朋友同去台灣，因他和台灣的不少文化界名人與政界人物頗有交往，此點

又造就了李文達日後和著名書畫家劉太希的一段重要因緣與友情，尤其是獲得了劉太希贈送的手書字聯，其中的「思利及人」四字，更令他深受啟發，之後應用於待人接物與經營治事上，畢生受用。可惜，許雄這位讓李文達深感敬佩的一時人物，卻於1974年因病英年早逝，令李文達甚為傷心。許雄去世後，為人念舊而重情義的李文達，每逢過年過節，都會給其遺孀送上問候和禮物。

另外，李文達還提到，許雄當年常會帶他去按摩，然後同吃晚飯。這時候，他會叫餐廳先拿兩碟蠔油出來，試試味道。他的味覺靈敏，究竟是不是自家生產的蠔油，一試便知。據許雄胞弟許志興憶述，如果給李文達發現，那家餐廳所用的蠔油，「竟然不是李錦記的蠔油！他會很驚訝，回去之後，就會叫負責該區的銷售人員立即跟進。」這段軼事充份說明，李文達再怎麼商務龐雜，他的至愛，終歸是李錦記。

從澳門轉到香港後的李文達，在打理李錦記生意之時，開始了他在各個層面的摸索與發展。結交朋友、開闊眼界和尋找商機，明顯更是觸覺敏銳的李文達其中一些努力方向。至於這些交往、關係或接觸的點滴積累，則成為他日後在應對危機和挑戰時，能夠順利化解與開拓的重要能量。在進一步介紹李文達在商場上的際遇之前，且先看看

其自身家庭在這段時間的經歷，包括他和父母的相處，以及家族隨著時間飛逝所產生的種種變化。

與父母的相處

在李文達的心目中，父母是傳統的男主外女主內，而且從一而終，沒有如其他親戚朋友般有了錢後便常鬧婚外情。父親李兆南的全副心力都放在李錦記，對生產蠔油的每個程序十分熟悉，對品質則極為重視，看作企業的生命。母親陳彩琴則留在家中照顧孩子，到他和弟妹們長大了，還是守候著家門，關心子孫們的發展。至於李文達無論是對事業的全情投入，或是對家庭的高度重視，均傳承了父母親那份濃厚的中國文化傳統，儘管他們身處的香港和澳門，其實十分洋化。

父親李兆南雖屬三房，但卻是李錦記的中流砥柱，因他掌握了蠔油的命脈——生產技術，並極為重視品質。二戰結束後，全力投入戰後重建的李錦記，曾經進行公司重組，並作出一些發展上的計劃，因而有了稍稍西式的現代公司運作，而李兆南的角色則在這個「變革」過程中更為吃重。那時的生產，還是維持家庭作坊的傳統形態，財務管理上也依然簡陋。

就以賬目為例，李錦記和許多同時代的香港中小企業一樣，當時備有兩本賬簿，一本作報稅之用，另一本才詳細記下公司各往來賬務。李兆登去世後，管賬的重責大任就落在李兆南身上。當時的賬簿，其實不會有人去仔細稽核，總之賺了錢，便放入夾萬，夾萬鑰匙也歸李兆南保管。把錢存入銀行，還是後來的事。

李兆南雖長時間坐鎮香港李錦記作坊，卻因節儉，並未在港島置屋或賃屋而居，而是靠著一張帆布床，就長年睡在皇后大道中262號的店舖裡。李文達結婚後，攜新婚妻子蔡美靈於1955年由澳門搬到香港時，自然不能如父親李兆南般在店舖中居住。幸好，他本人有生意，並有一些積蓄，於是在經過一輪尋找後，在跑馬地的山村道租了個小單位居住下來——儘管那時的租金確實不菲。此外，三妹李金葉當時也在港島求學，為了節省租金，亦有一段不短的時間和李文達夫婦在那個小單位裡一同居住。

數年後，結束了達生皮具店和文生皮具廠的生意，並已積蓄了一定資金的李文達，終於在跑馬地的成和道買了房子，把過去一直在澳門生活的母親陳彩琴，以及一眾弟妹接了過來，一同居住，一家人總算不再分居港澳，可以重聚一處。李文達後來在跑馬地的藍塘道，又買了一處更大的物業，一家人再遷移到那裡，有了較舒適的生活空間。

1950 年代的跑馬地，李文達曾在那裡的成和道置業，
並把過去一直在澳門生活的母親接來同住。（照片提供：高添強）

正如第二章中提及，早於 1932 年，李家第二代已經為了
配合海外市場——尤其美國市場——與那些專做美國貿易
的金山庄建立起一定網絡，然後逐步將生意重心由澳門轉
到香港，關鍵舉動自然是在中環皇后大道中 262 號開了店
舖。由於資本所限，該店舖只屬租賃，並非李錦記本身的
物業，至於李錦記樓上的，亦多屬租客，而租客間由於朝
見口、晚見面，鄰里關係比今天濃厚得多。

1960 年代時仍然年幼、日後成為律師的余鈞澤憶述，他
和家人曾住在該處二樓，即李錦記樓上。據余鈞澤回憶，
開一張帆布床睡在店舖的李兆南，每天晚上十點多，必定
會收聽「麗的呼聲」的怪談鬼故事。(8)余鈞澤家裡沒安裝
麗的呼聲，所以會在樓上側耳偷聽，愈聽愈害怕，卻欲罷
不能。

余鈞澤更清晰地記得到樓下買「散裝」（零買）蠔油時，李
兆南一勺勺把蠔油舀進樽中的情景，他也記得當年放學回
家的路上，只要「聞」（嗅）到濃郁的蠔油味，便知道快要
到達家門口了，因為新鮮蠔油「啯陣味一聞就流口水」（味
道令人垂涎三尺）。還有，余鈞澤更不能忘記，李兆南身
體肥胖，夏天時總會見到他「打大赤勒」（赤裸上身），為
人則很是嚴肅。

余鈞澤又提到，皇后大道中262號那棟樓屬老舊建築物，到了1968年的某天，突然被港英政府宣佈為「危樓」，令租客的生意和生活大受影響，李兆南和余鈞澤的父親更曾一起向政府爭取搬遷賠償與安置。可惜，結果還是人微言輕，未能得到妥善處理，租客需各自另覓地方，而李錦記亦只好無奈地遷離這個待了三十六年的老據點。(9)附帶一提的是，李文達用人以忠誠可信賴為重，又因為熟悉余鈞澤，後來曾長期委託他擔任李錦記的知識產權顧問律師，直至退休。

離開皇后大道中262號的老舖後，李錦記曾短暫落腳於西環的吉直街，(10)還是前店後坊的格局經營。李文達於1972年全面接手公司時，李錦記還是一如舊觀。一兩年後，由於他新推出的熊貓牌蠔油在美國市場反應很好，賣得滿堂紅，訂單湧至，亟需擴廠，於是在港島的黃竹坑購地建廠，李錦記才終於有了一處比較像樣的廠房。

皇后大道中262號的這個舖頭，留給李文達一家大小不少回憶，這當中尤其少不了李兆南的身影。李文達曾回憶說，一如李錦裳在澳門時代的作坊，皇后大道中262號仍然是個典型的家庭式作坊與生意模式。一旦生意較好的時期，就會總動員身在香港的家族大小，來幫忙將蠔油入樽、蓋樽蓋、貼招紙、入箱等。當年真正不屬於家族成員

的員工就幾個人，且全都是李家祖鄉──廣東省新會縣七堡鄉涌瀝村人。

對於當年的生活，現已年近九十的李文達回憶時不無感慨地指出，由於是前舖後居的格局，員工吃在那裡、住在那裡，也在那裡娛樂──主要是打麻將，燒飯更是在此，「一切都在那間店舖裡面發生。」然而店舖地方甚小，面積僅一千平方呎出頭，整個店裡也僅一個廚房、一個大鑊，所以不能同時既煮蠔油又燒菜做飯，要輪替著用，「煮蠔油時就不能燒飯、燒飯時就不能煮蠔油。」儘管日子並不容易，物質也沒今天般豐盛，但聽他娓娓道來時的懷念，卻另有一番回味。

據李文達的女兒李美瑜回憶，舊舖的舖面，前方有個玻璃櫃，由圓形大玻璃甕盛著的蠔油，就擺在櫃子裡面。上門來零買蠔油的人，都會自備容器，由店員秤給他們要買的兩數。李錦記當然也有一磅重的罐裝蠔油等，但那主要是為了方便往來海外的旅客攜帶，換句話說，是早年專供外銷之用的包裝。

1950 至 1960 年代時，李錦記的主力市場，無疑還是美國。當時，如果能接到美國方面二十箱以上的訂單，就足以讓李兆南大喜。媳婦蔡美靈回憶時說，「老爺開心時，

會馬上掏出兩塊錢，讓人去買菜加餸，他自己更會多飲兩杯，他沒特殊興趣，就是做生意和杯中物。」

李兆南處事謹慎、為人節儉、嚴肅寡言，罵起人來據說也很兇，陳彩琴則是家中慈母，成為李文達等兄弟姐妹的感情依託。對於李兆南，李家第四代的五位子女，都很少看到他開懷大笑，對祖母的印象則較為親近。李兆南老派的節儉作風表現在很多事情上，例如在1960年代時，他已六十多歲，住在跑馬地，仍每天搭電車去店裡走動走動或飲茶。

因其身形較胖，李文達夫婦擔心他上下電車時不方便，甚至會摔倒，乃建議他改搭的士。但節儉成性的李兆南硬是不肯，覺得這樣太奢侈浪費。李美瑜指出，後來他年紀更大，市面上的物價也調漲了不少，家裡如果蒸一條魚，他問價錢，「家人就要把價格盡量往低處報，他才會覺得『好好味』，否則就認定是我們買菜時被商販騙了，太貴，不免要嘮叨幾句。」

不過李兆南話雖不多，與長子李文達卻是感情深厚，就如世間很多父子般，兩人亦自有一套溝通的默契。父子倆也都一樣會吃、愛吃，講究美食，李兆南尤其愛吃鹹蝦蒸肥豬肉，(11)常會拿這道菜來配點飯喝點酒，還跟孫子們

說，肥豬肉吃進去就變成水，沒什麼問題的。李美瑜對祖
父的清晰印象是，他很愛喝白蘭地，以酒佐飯，每餐都喝
得不多，但卻希望孫子們也陪他喝，哪怕只是拿一杯可
樂，滴兩滴白蘭地，也要他們喝。

另一孫子李惠中則指出，他小時候，李錦記還在262號的
老舖，舖的正中有一飯桌，桌上放著祖父愛喝的雙蒸白
酒，他到舖中玩耍後覺得口渴，見到杯中有「水」，很自
然地大口喝光，結果是酩酊大醉。他長大後其實亦如其他
兄弟般，酒量不低，此點又可謂深得祖父「真傳」了。

上一代人的親子感情明顯比現在含蓄，李文達與父母親的
關係亦是如此。雖然深愛對方，但都不願宣諸於言詞。另
一方面，因為生活環境迫人，而香港的居住空間又十分擠
迫，所以在一段不短的時間內，出現了父母及親人分居港
澳的情況。李文達尤其明白父母親對他做人處事的要求與
關心，知道他們總是收在內心深處，只有在看到自己做出
了成績時，才會發出會心微笑。至於這種對待或管教兒女
的作風，又延續到李文達與他子女的相處，所以他在子女
心目中的形象，總是如李文達心目中的父親一樣──乃頂
天立地、十分「硬淨」的嚴父，這明顯又是兩代人的一種
「真傳」了。

飯桌上的父子——不少營商哲學與人生道理總是在邊吃邊談中傳授下來。

與子女的相處

家族企業的最堅實基礎，是「家」。李文達1954年底成
家，然後與新婚妻子搬到香港生活。一年多後，孩子相
繼在香港出世。長子李惠民（Eddy）1956年3月出世，長
女李美瑜（Elizabeth）緊接著誕生於1957年。次子李惠
雄（David）1958年報到，次女李美玫則生於1960年，惜
早年夭折。三子李惠中（Charlie）和四子李惠森（Sammy）
則分別生於1961和1964年。

李家眾子女除么兒李惠森外，年齡差距不大，童年時光也
都在跑馬地的同一屋簷下度過，是個人丁不少、關係卻十
分緊密的「小家庭」。數十年後，李家第四代各就各位，
在家族企業的不同崗位上發揮所長，是李文達1980年代
帶領李錦記騰飛，向四方八面拓展的最關鍵助力。蔡美靈
回憶時曾笑說，李文達老抱怨家族裡的幫手不夠，「早知
道就幫他多生幾個。」

與祖及父輩不同，李文達夫婦十分重視子女的教育，但李
文達在打理李錦記之時，又時刻思考開拓其他層面，加上
還要兼顧澳門的生意，所以平時其實十分忙碌，沒暇分心
在子女教育上。於是，傳統男主外、女主內的夫婦分工，
乃發揮了重大作用，令一眾子女的教學問題，全由蔡美靈

一手包辦。李文達最重視的，其實是身教，尤其是對孩子們的視野、待人處事、孝道與家庭，以及從商歷練等方面的培養。

李家第四代的眾子女，對童年時代父母管教風格的差異，有幾點非常一致的觀察。李文達是嚴父，作風威權強勢，很少在家，往往很晚才回到家，打罵子女的時候比較狠。李文達身教多於言教，會常常帶同孩子們到海外拜訪李錦記的客戶或代理商。更特別的一點，是李文達重視白事甚於紅事，也常帶孩子們參加朋友的喪禮。至於母親蔡美靈，則開朗、樂天、愛笑，持家簡樸，打罵小孩的時候「溫柔」得多，更重要的是絕不偏心，對子女一視同仁。關於這最後一點，蔡美靈自己也曾強調，教育子女之道唯二，即：一、不要偏心，絕對不要偏心；二、不要給他們太多錢花！

李文達夫婦年輕時，當然也和無數年輕夫婦般吵過架。長子李惠民就記得家住跑馬地成和道的時候，自己還小，有一回父母吵架，不知道吵些什麼，但母親很生氣，提了藤箱就要回澳門的娘家。李惠民於是幫母親提起藤箱，跟著離家。結果母子倆那回在澳門的蔡家大屋裡待了數天，才回到香港。

家裡當時不大，四個兒子要同住一間房，兩夫婦就在傢俱的設計上花心思，讓那些床可以在白天升起來，空出書桌的空間。李美瑜可以獨享一間房，小時候就是乖乖女，沒她那四個兄弟調皮搗蛋，所以偶爾會被他們欺負。譬如冷不防被他們丟一串爆竹到她房裡，嚇得她花容失色；（12）或把她玩偶的頭和四肢都拆掉拔掉，搞得她都沒興致再玩玩偶。

李文達嚴厲，孩子們怕他責罰。他要子女早睡，不讓他們看太多電視，偏偏孩子們都愛看電視。因為李文達晚回家，孩子們就賴著不睡看電視，一邊側耳注意動靜。老大李惠民回憶時指出，他的耳朵最靈，父親抵達家門時，一掏出那一大串鑰匙開門，他就會馬上通報大家關電視上床睡覺。不過老練的李文達並不好騙，用手摸摸電視機頂端，就洞悉一切。李惠森則記得，父親厭惡子女偏食，吃飯時如果東挑西挑，就會迫他們把整盤食物吃完。

諸兒子眾口一詞的說法，還有當他們犯錯，父親拿藤條教訓他們的時候，他們都不敢逃跑，而李文達下手重，有時候甚至會把藤條都打得「開花」（藤條末端爆開）。相對而言，女兒則沒有給父親打過，這一方面是女兒較乖，極少引來父親責罵，其次亦反映了父親責罰時重男輕女的心態。反觀蔡美靈，她偶爾也會動怒，拿起藤條追打兒子，

三代人合照：李文達夫婦、母親陳彩琴與年幼子女。

但據李美瑜的說法是：「媽咪追不上 Eddy（李惠民），打不到就會覺得好笑。」

李家眾子女對父親刻意把他們從小就帶上「天涯海角」、同去拜訪全球各地的李錦記客戶或代理商，也都印象深刻。李惠雄就曾笑說，所謂帶他們去旅行，就常常是「陪他一起去探訪客戶，坐在那裡聽台山話」。李惠中則記得，隨父親去墨西哥拜訪合作多年的代理商周朝亮一家時，騎單車刮花名貴轎車的往事。周家數代都是李錦記的代理商，周朝亮的兒子當時還小，現在則繼承父業，當了李錦記在墨西哥的代理商。李文達想藉此開拓孩子的視野，讓他們熟悉這個行業的營商之道，以及讓他們建立起和代理商下一代之間的私誼，可謂用心良苦。

李文達諸子女更有意思的回憶，是關於參加喪禮一事。子女們都十分一致地提到，李文達是刻意常帶他們去的。李惠森後來在《自動波領導模式》一書的序言中，開篇就提到小時候，父親經常帶他去參加別人的喪禮：「當司儀唸出這個人生前所做的有意義的事情時，就好像人生的一張成績單。人的一生在此刻被『蓋棺論定』。參加葬禮，對我的影響很大，它讓我常常思考我的一生能給他人、給這個社會留下什麼？」（李惠森，2012：xv）。

除了回顧死者一生是非功過的「成績表」，李文達還希望孩子們看現場的人生百態、看世態炎涼：來的人多不多？都是些什麼人？是否真心懷念死者？為什麼？有沒有家屬在爭產在鬧？諸如此類。女兒李美瑜更補充說，父親帶他們同去朋友喪禮的習慣，至今猶是。

蔡美靈全心照顧子女的學校教育，也明顯花下不少心思。幾個兒子當時在學校的成績並不怎麼突出，有些更表現欠佳。但她察覺到，他們其實腦筋靈活，思考轉得快，只是小孩子未定性，較率性而不愛受拘束而已。李惠森在聖若瑟小學就讀時，就曾被同學形容為「班房一條蟲，小息一條龍」，且自小就有不少賺小錢的想法。他們在這一點上，似乎都和父親李文達相似，屬於「真傳」。一眾子女後來被安排轉赴美、加兩地求學，跳脫了香港的填鴨式教育後，學業表現更有明顯改善，顯見教育環境對人的影響，這又是後話了。

在跑馬地居住的時代，蔡美靈都是親自開車接送子女上下學，就連午飯時段也不例外，會把孩子接回家裡吃飯，再送學校。之所以這麼做，是因為她不希望子女們和其他小孩有太多接觸，避免他們學壞。不過每日殷勤接送小孩之舉，曾引來他人誤會，以為她是提供接送服務的「白牌車」司機，所以曾有其他家長向她「問過價錢」，要請蔡美靈

也幫忙接送他們的小孩。蔡美靈的這項堅持，到孩子升讀中學後依然不變，以致老大李惠民回憶時指出，他曾一度有意見，嚷著跟母親抗議說：「媽咪，我中學啦！冇媽媽到中學仲會去接佢哋嘅仔女。」（媽！我中學啦！沒有母親到子女上中學了還每天接送的。）

蔡美靈的多年好友鮑培莉提到，為了節儉，蔡美靈還不幫子女訂做校服，而是買成衣來拆補做成校服。兒女們上學穿的鞋子，也總是給她洗得白白淨淨，因她本人十分愛乾淨。李惠森則提到，小時候，母親總會自製豆腐花，「原來做豆腐花她要找來米袋，我們幾兄弟姐妹就一起去擠壓那些黃豆，擠壓了兩個小時做出來的，五分鐘就給我們吃光。」蔡美靈的節儉，並非全是為了省下幾個錢，藉以幫補家用，而是一種習慣，也算身教。李家五位子女，就是在這樣的家庭環境裡成長。父嚴母慈，子女孝順活潑，雖然有一些吵鬧，卻折射了家庭血濃於水與生機勃發的一股強大動力。

孕育管理信念和哲學

在與許雄相交的1950至1960年期間，李文達經常與他一起到台灣，並在許雄的介紹下，在台北結識了名聲甚高的國學大師劉太希，而劉太希與李文達一見如故，並洋洋灑

事業冉冉上揚，子女逐漸長大，李文達有更多機會帶同子女與友人或客戶接觸、交往。

灑地親筆為他寫下四條字幅。李文達對這份「大禮」愛不釋手，並深有所悟。而這四條字幅當中，藏著今時今日已成為李文達座右銘及人生哲學的「思利及人」四字，意義重大，至今仍高掛在李錦記香港大埔總部的李文達辦公室裡，位置正對著李文達辦公桌的抬頭處，與他時刻相對。

劉太希（1898-1989），江西信豐大阿人，號錯翁、無相、千夢堂主人，晚年則自稱太希居士，是著名的國學家、書畫家。劉太希自幼勤奮好學，博覽群書，且得其父言傳身教，大器早成。1919年劉太希進京，單獨列考，並經北大校長蔡元培特批，考入北京大學文學院。(13) 北大畢業後，劉太希返回贛州，短暫當過當地幾個縣的縣長。1937年抗戰爆發，劉太希投入抗日救亡運動，曾被委任為國防部秘書，授少將參議銜。1950年，劉太希經台灣到香港時，和張大千彼此欣賞、互有交往。1952年，因其國學盛名，獲聘至剛成立的新加坡南洋大學擔任國學教授六年，講授《詩經》、《史記》等國學經典。隨後返台，繼續在台北的各家知名大學授課（傅連婉，2012）。李文達結識劉太希時，正是劉太希在台北各大學授課的時期。

到底劉太希贈李文達的四條字幅，有何深刻哲理令李文達得到重大啟發？下文且引述內容作說明：

至樂莫若讀書，至要莫若教子；寡思乃能習靜，寡營始可養生。

為人莫想歡娛，歡娛即多煩惱；處世休辭勞苦，勞苦始得安康。

言易招尤，對朋友少說幾句；書能益智，勸兒孫多讀幾行。

惜食惜衣非為惜財緣惜福，求名求利但須求己莫求人。

苦心未必天終負，辣手須防人不堪；

一人知己亦已足，畢生自修無盡期。

知足是人生一樂，無為任天地自然；

每臨大事有靜氣，不信今時無古賢。

與賢者游信足樂，集古人文亦大觀。

大本領人，當時不見有奇異處；

敏學問者，終身無所為滿足時。

修身豈為名傳世，作事惟思利及人；

名美尚欣聞過友，業隆不廢等身書。

業高乎眾志豈滿，澤及於人功不虛；

立定腳跟撐起脊，展開眼界放平心。

李文達對這當中的「思利及人」四個字很是感動，亦心有所悟。世人因為只顧一己之利，沒思及他方——包括供應商、員工、消費者、社會，甚至自然環境等——的利益，乃容易產生矛盾和衝突。而這種行為不會長久，亦難以和諧。但是，若能從更高的位置上看問題，思考並兼顧他方的利益與關注，則更能相輔相成，並肩發展。

對於這個人生中的重要感悟，他往後不斷和子女、親友，甚至是員工和客戶們分享，並逐漸透過不斷實踐，把它確立為李錦記這個百年家族企業最核心的價值，藉以作為推動企業持續發展的其中一項軟實力。李文達的五位子女常常觀察到，父親不僅會對他們講解「思利及人」的重要性，還會在跟客戶談判時，給客戶寫這四個字，說明易地而處、顧及對方利益及關注的重要性。李錦記合作多年的代理商，香港南信貿易有限公司的董事長周星琳在回憶時表示，他曾在 1973 年和李文達搭機同去韓國看蠔水，在飛機上收到李文達當場給他寫的「思利及人」字條。李文達寫了條子後，也不多說，彷彿一切盡在不言中。

從資料上看，「修身豈為名傳世，作事惟思利及人」這句話，在清朝以前已成為民間楹聯，乃不少人的人生格言。據清人梁章鉅於道光年間所撰的《楹聯叢話》所指，該楹聯中的十四個字，採集自唐朝書法大家顏真卿《爭座位帖》的字體──即是說那十四個字出現在《爭座位帖》中，惟句子由誰所作則不得而知。(14) 這句格言的意思簡潔易明，或許也是李文達覺得沒必要再多作闡釋的原因。2014 年底，李文達在某公開場合裡，曾簡略說過：「『思利及人』這四個字很有意思，做人之道若能跟隨這四個字，便可以很和諧，用在哪裡都可以，做生意可以，家庭、公司、社會都合適，真的很好。」(15)

成為李文達人生哲學的「思利及人」巨型字幅，現掛在大埔總部走廊上。

事有靜氣不信今時無古賢其賢者游信之

樂集古人文点大觀大本領人当時不見有奇

異處敏學問者終身無所為滿足時修身

盖為名傳世作事惟思利及人名美尚欣

闳過友業隆不廢等身書業高平泉志

豈滿澤及於人功不虛立定腳根撐起脊

展開眼界放平心　　癸丑冬月彙錄古人格言聯以庽

文達賢先之屬

本華於台北指南山下書應

至樂莫若讀書　至要莫如教子　寒思不徹
習靜寡營甚妙　可養生為人莫想歡娛～
即多煩惱應世休嫌勞苦～卻得安康言
易招尤對朋友少說是句書能益智歡兒孫

多讀聖行惜食惜衣非為惜財緣惜福惜名
取利但須依己莫求人若心未死天終負辣手
須防人不堪一人知己足畢生自修無盡
期知足是人生一樂無為任天地自然每臨大

著名國學家劉太希親書字幅贈予李文達。李文達對當中的「思利及人」四字尤
其領悟至深，所以對字幅珍之重之，掛於大埔總部辦公室內。

誠然，名傳世為虛，做實事為實，人生的價值，主要還是體現在我們所做過的實事上。而「思利」，則是人做事的根本動力，是普遍存在的客觀需求。李惠森和其他第四代的家族成員，後來更具體地演繹了「思利及人」這個概念，強調凡事要有「直升機思維」（概觀全局的視角）、凡事要「換位思考」，以及凡事不忘「關注對方感受」。

李惠森在《思利及人的力量：成就一生的9個法則》一書裡，更簡單地概括了「思利及人」的意思，那就是：「做事先考慮如何有利於我們大家。」（李惠森，2012：5）換言之，「思利及人」的精髓就是互利、共利，而不獨享好處。這事說來輕鬆，但要畢其一生奉行不渝、真的願意與人共享利益，甚至要讓子孫、員工及客戶等都明白這一點，與自己一樣劍及履及地同步前進，卻是極不容易做到的事。

蠔水危機

加入李錦記的第一個十年，儘管李文達曾因應時代急速轉變，提出不少開拓性建議，但相對保守的堂兄弟們卻不願採納，寧可只是守著父祖輩開拓出來的生意，以為這樣便能細水長流，長做長有。可是，這種極為保守的作風，並不意味生意便可無風無浪。結果，1965年突然爆發一場

「蠔水危機」，幾乎將李錦記基業毀於一旦。至於李文達能夠沉著應變，尤其懂得利用逐漸建立的人物關係以排難解紛，則讓他最終得以擺平事件，並證明他具有轉危為機的舵手能耐。

到底這場在1972年李文達全面主導李錦記之前，發生的危機，是一場怎樣的危機？給家族的衝擊有多嚴厲？李文達又如何應對考驗、帶領企業化險為夷？故事顯然要從1950年爆發的韓戰，以及那場由美國主導的聯合國對新中國實施「貿易禁運」的重大國際制裁行動說起。

美國主導的聯合國對華禁運，禁止任何採用中國內地原材料生產的香港產品出口到美國。在此制裁措施下，香港的產品若要出口美國，就必須附上香港工商署發出的許可證，證明其原材料並非來自中國內地。這對香港的出口貿易自然打擊巨大，因為沒有任何天然資源的香港，當時的出口產品，絕大部份或多或少都會使用來自中國內地的原材料，醬油和調味品行業也不例外。這對香港的小商人、小廠主來說，其實是非常不公平的舉措。

李錦記所生產的蠔油，需要採用大量蠔水，尤其是優質的蠔水，當然還有食鹽。食鹽好辦，但優質蠔水卻並不易得。當時，李錦記雖然已經從元朗流浮山一帶的產蠔區

中，取得部份蠔水供應，但其數量遠遠不足，因為當時的蠔油出口數量，已遠遠超出戰前水平，所以必須有更大量的優質蠔水供應，才能應付海外市場需求，特別是李錦記重視蠔油品質，更需優質蠔水。

1965年的李錦記，其實如不少廠商般仍未切斷與中國內地的關係，畢竟是「打斷骨頭連著筋」，所以仍有不少優質蠔水其實是來自中國內地。李文達的二堂兄、大房的李文疊，原是負責掌理李錦記的對外業務，為人幹練。他的作法，一如當時絕大多數華商小企業般，就是用兩本採購原料的賬簿來敷衍官方，港英政府亦只作例行公事。報稅用的那本賬簿，原料註明「全是來自香港」，就這樣唬弄過去，本來一直風平浪靜，也沒出過麻煩。不過李文疊1964年因腦血管破裂，不幸死在中環的大同酒家，家人自然十分傷心。到1965年突然爆出「蠔水危機」時，他已無法在現場指揮應變了。

偶發狀況發生在1965年的某一天。當天，工商署的稽查人員一如既往地到公司作例行的賬目核查，了解生產原料來源，但工作人員的一時疏忽，卻觸發一場幾乎可讓李錦記沒頂的危機。李文達回憶說：

　　公司管會計的人一時疏忽，將內地買來的蠔水收據及賬目

放在枱面，被他們發現。「又買中國的東西？」不行，立即鎖門！他們馬上叫更高級的工商署的人來查，搜查我們的賬簿，帶走了整整二十箱的賬簿資料。工商署將我們停牌，不得再出口美國。

說實在的，當時家族中明顯沒有如李文達般能夠應對變局的人，所以李文達很自然地被推舉為處理危機的人選。臨危受命下，李文達立即思考該如何化解問題。當時他認識的對官場有影響力的人物不多，於是首先上門求助的，是金山庄的理事長李如熾。李如熾的人際網絡很廣，但也沒有辦法。不過他建議李文達找「延年會」的萬國殯儀館經理梁志峰幫忙，梁志峰則提醒李文達，大家的共同朋友許雄其實認識利銘澤。利銘澤的堂弟是利國偉，（16）當時正在工商署擔任一個委員性質的公職。這種人物關係，或許是解決危機的方向之一，有助調解李錦記面對的問題。

於是李文達找了許雄，又找了梁志峰，最後有機會約見利國偉。李文達憶述說，會見利國偉時，他當時還有兩位男秘書在旁，李文達則按出發前已經準備好的說詞，向利國偉提出己方的辯解。他說：「李錦記確實有購買一些來自中國內地的蠔水，但那是用來生產出口到加拿大的蠔油，並非美國。」原來當年的禁運，只限美國，加拿大則不受限制，李文達希望以此解套。利國偉聽完後，只是很有默

契的說了句:「行了,你先回去吧。」結果一個多星期後,工商署就來信了,要李文達再去那裡接受問話。

李錦記的持牌人,當時本是大房的堂大哥李文光,但他被這場危機嚇怕,擔心會遭到逮捕檢控,所以不敢去見政府官員。另一比較機警、腦筋靈活的家族成員李文疊,早前卻已不幸去世。於是,家族中實在沒有如李文達般更具才幹與能力應對危機的人,儘管那時的李文達年紀尚輕。

對於那次危機,李文達回憶時還指出,或者是為了促使他全力化解危機,李錦記的牌照登記竟於1965年的一刻,換成了李文達,令他必須全力以赴。李文達的性格是「不打沒把握的仗」,他其實早已事先探聽過情況,知道沒事了,才安心的上工商署解釋。結果一如所料,時任香港工商署副署長的苗禮善(Lawrence Mills),要他立即簽字宣誓:「以後不能再買入中國內地原料」,並把出口配額都還給了李錦記,也沒對公司實施任何罰款。事實上,出口配額甚至還有一些增加。之後回想起來,李文達相信利國偉在這個過程中,確實幫了不少忙,利銘澤方面應該也有一些關係,令他感念於心。所以,直到利國偉2013年去世前,李文達都常帶孩子們去恒生銀行的頂樓和他聚會吃飯,大家感情深厚。

時任香港工商署署長的何禮文及美國領事館代表，在流浮山蠔場視察採蠔情景。

「貿易禁運」及一度停牌的事件,對李錦記的生意造成一定損失,引起不少震盪。至於李兆南和李文光在這個過程中,還需要陪同時任香港工商署署長的何禮文(Ronald Holmes)及美國領事館的代表,前往流浮山現場視察生蠔的採集和蠔水製作,以證明出口到美國的蠔油原材料,確實來自香港。經歷過這場危機,李文達對蠔水原料的穩定供應更加警惕,不僅加大了向流浮山收購的蠔水數量,也開始向日本收購蠔水。而李錦記之所以負擔得起日本蠔水,主要還是因為日本人當時雖然也愛吃蠔肉,卻不會善用蠔水,把蠔水視為無用之物倒掉之故。

回頭看,李錦記這場「蠔水危機」,明顯地證明了李文達的膽識、手腕與人脈關係,其實遠在他的那班堂兄弟之上。經此一役,加上早前在如何開拓市場與擴大投資等問題上積累的分歧與矛盾,李文達或許已經洞悉分家的危機,有了各走各路的念頭,但他當時卻沒有足夠的資源來收購整個李錦記。然而當時澳門和香港社會的發展,竟微妙地幫了他一把。至於那衝擊澳門和香港社會發展的重大轉折,則是曾經令民心頗為不安的暴動——一場將不少人殺個措手不及的巨大社會危機。

兩場暴動的衝擊

儘管香港和澳門有一段不短的時間被割離了中國內地的祖國母體，貿易禁運期間更曾遭到全面禁止或封殺，但始終不能完全切斷彼此間千絲萬縷的關係，當然亦排除不了「同甘共苦、福禍相連」的命運共同體事實。

扼要地說，中國內地由於在 1960 年代掉進了「文化大革命」的政治鬥爭與漩渦之中，香港和澳門亦受到波及，並引起了巨大的社會震動。具體而言，則表現在兩場轟動兩地的社會暴動之上，令不少人對兩地的未來產生悲觀情緒，最後因未能了解全局而選擇離去。至於李文達則知道那只是一時的社會震盪，乃非常時期，最終必會恢復正常狀態，而港澳有溝通與連結華洋中外的突出發展條件，必然具有巨大發展潛能。因為他明白到這一點，所以能在變幻中緊抓機遇，為個人及家族發展帶來更大突破。

在那場席捲全國的「文化大革命」浪潮影響下，1966 年 12 月 3 日，澳門爆發了「一二·三事件」(17)，至於香港則在 1967 年爆發了「六七風暴」(18)，兩者均導致了社會激烈動盪、前景不明，使不少有能力或有財力的港澳居民，開始思考香港或澳門的前景，並最終決定離開，移居他們心目中較為理想的生活之地——歐美或澳洲等西方

國家。這批選擇移居他方的人群中，包括了李家和蔡家兩邊的親戚。

以蔡美靈娘家的兄弟姐妹為例，蔡美靈的二哥早在1950年代初期，就已經由澳門移民巴西；七哥也在1950年代初移民到夏威夷。至於弟弟蔡昌道，他在遠東飛機工程訓練學院畢業後，於1952年由澳門轉到香港工作，然後在香港定居下來，主要原因是他在香港飛機工程公司中找到學以致用的修理飛機工作，並於1963年在香港成家立室，然後生兒育女，本來亦如李文達和蔡美靈般過著穩定而幸福的生活。但是，儘管他的事業進程不錯，到了1968年11月更被擢升為當時極少數華人能夠佔據的高職，但他還是在與專業護士的妻子商量後，選擇了舉家離開香港，搭船遷往夏威夷，過另一種生活。

據蔡昌道回憶，「一二・三事件」爆發當日，他恰好身在澳門，感受到甚為緊張的社會氣氛，並因覺得情勢不妙，擔心父母安危，其時他的兄弟們又都已經不在澳門，於是他當晚立刻將父母接到香港的家中暫住。到1967年香港動亂期間，他某日從九龍城啟德機場下班開車回窩打老山文運道寓所的途中，又親見林彬被縱火燒死在車中的暴力事件，對他衝擊甚大，所以寧可在夏威夷開個小商舖較悠閒地平靜度日，也不願留在香港冒受到動亂波及的風險。

李錦裳的大房和二房諸子孫，顯然也在那個政治與社會十分動盪的情況下，有了大略相同的思考和應對方法，並最終選擇出售港澳的資產或生意，遠離這兩個已在他們心目中成了「不靖之地」的家鄉，目的地則是他們盼望可以安居樂業的美、加地區。於是，他們提出各種對李錦記發展前景十分悲觀和負面的看法，雖然那時李錦記蠔油的銷售重心在北美，即便香港經濟和社會較為動盪，總體的生意格局其實沒有受到太大影響。可是，如驚弓之鳥般的李文達眾多堂兄弟們，卻惶惶不可終日，時刻想著速離香港。本來這些堂兄弟們，過去一直就不太願意積極發展李錦記，經歷過「六七風暴」後，他們的心態上更趨消極，局面終於導向了李錦記的第一次分家。

誠然，政局動盪、人心不安的狀況，必然會影響投資氣氛，左右經濟和商業發展，不少人不願冒險，寧可出售手上資產，拔營一走了之，實在無可厚非。父祖輩經歷過大風大浪後，才建立起一點基業的李錦記，儘管在某些家族成員眼中，得來不易，不忍看著它化為烏有，但亦有人覺得，在那個風雨飄搖的時刻，寧可及早抽身，做出盡售手上股權以套現的決定。

於是，在接著一段甚短的日子中，在連番家族會議之後，長房及二房的堂兄弟採取了一致行動，決定將李錦記的控

股權悉數轉售三房，儘管那時李兆南曾向二房的二嫂作出
請求，希望她出面，挽救一場變相「分家」與「退出祖業」
的舉動，但還是未能成功。至於李文達在父親支持下，獨
力承接長房及二房拋售的股權一事，雖然曾令其承擔了巨
大財務壓力，要花去不少無眠的夜晚思考出路，尋求應變
方法，惟最終卻能守得雲開見月明，踏上康莊大道，令李
錦記可在接著的日子中取得截然不同的巨大發展突破。

結語

人生的道路，沒可能一路平坦而毫無風浪波折，只有能夠
克服困阻，堅持向前邁進者，才能最終到達理想目的地。
李文達出生時身體孱弱，令父母十分擔心，但他的頑強生
命力則令他可以壯健地長大成人。在 1955 年由澳門轉到
香港的李文達，加入李錦記後雖然未能如當初的預期般可
以盡展所長，令李錦記更為急速地發展起來，但他畢竟已
作出很大努力，且曾為化解一場家族與企業的危機作了巨
大貢獻，令包括父母和一眾堂兄弟姐妹在內的家族成員刮
目相看。

毫無疑問，重投李錦記懷抱的李文達，最初十年可說是在
摸索中前進，至於李錦記亦顯然如此。惟前者因擁有一顆
積極上進的雄心，加上精力充沛，鬥志旺盛，所以在打理

家族企業時，會時刻不斷地尋找新機遇、開闢新蹊徑，至而廣結四方友好，用心經營各方人脈關係等，又明顯成為日後能夠撥開雲霧見青天的重中之重，令他可以在接著的日子中大放異彩。

1　李文達最親近的家人——蔡美靈、李惠民、李美瑜、李惠雄、李惠中、李惠森，都曾在受訪時生動形容過李文達近乎無盡的做生意衝動。而與他深交多年的親戚朋友、生意夥伴和資深員工，如鄧福泉、蔡昌道、曾展威、周星琳、高漢釗、何用煒、鮑培莉、雷錦尚等人，也都在受訪時提到李文達辦事明快，做生意時衝勁源源不絕。

2　當時澳門方面，僅由曾展威一人守著李錦記的老舖，只賣蠔油、蝦醬，生意並不好。因營業額低落，連曾展威一個人的薪水都不敷支應，要靠香港方面接濟。

3　實際上是那些像李錦記般供應貨源的客戶，才是金山庄的「米飯班主」。

4　萬國殯儀館是於 1951 年 2 月於灣仔的駱克道 41-51 號開業，當時僅為單層的建築物，地面一層是禮堂，停屍間則設在地庫。不過後因面積不敷使用，1960 年於北角海堤街 16 號動工興建五層高的新館，1962 年 7 月正式遷入。其灣仔原址則改建成東城戲院，因鬧鬼，生意很差，後再被拆除改建為東城大廈。

5　李璇殯儀館在摩理臣山道 10 號；香港殯儀館在灣仔道 216 號；摩禮信殯儀館在摩理臣山道 4-8 號和九龍彌敦道 559-561 號；福壽殯儀館在皇后大道東 189 號。

6　何添是香港恒生銀行創辦人之一，1930 年代與林炳炎、何善衡、梁植偉、盛春霖共創「恒生銀號」，即恒生銀行的前身。

7　梁昌又名梁潤昌，1950 至 1960 年代的港澳富商，靠華洋貿易起家，其中的黃金買賣尤其備受關注，亦曾出任香港恒生銀行董事。

8　麗的呼聲（Radio Rediffusion）是香港首間民營的有線廣播電台，1949 年 3 月 22 日啟播。啟播時的安裝費，就已經要港幣二十五元，收聽戶還要月繳九元，不是每戶人家都能負擔得起。麗的呼聲共有兩個廣播頻道：「銀色台」主要以粵語廣播，「藍色台」則是英語為主的廣播頻道，每日二十四小時播送內容。

9　該老舊建築物往後遭擱置多年，沒有發展，現則已拆建為「荷李活華庭」（Hollywood Terrace）。

10「吉直街」是西環一帶的居民對此街道的慣常稱呼，這條街道的正式名稱，實為「吉席街」（Catchick Street）。

11　「鹹蝦」也是李錦記當時極少數的產品之一，是一種粗蝦醬。一般蝦醬磨得細，「鹹蝦」則是還看得見蝦的小眼珠子等，質地比較粗。

12 引自 2014 年 12 月 23 日李惠雄在「李文達、蔡美靈 60 周年鑽石婚及 85 大壽慶祝活動」上的現場發言。

13 1919 年劉太希因五四運動，錯過了北京大學的招生考試，於他帶著自己的中學作文簿和詩詞前往北大，求見校長蔡元培，盼准其入學。蔡元培翻閱了他的作文和詩詞後，就口授一作文題目，要劉太希在校長辦公室按題作文。劉太希提筆一揮而就。蔡元培讀罷，當即決定破例錄入文科預科。

14 參考梁章鉅著作《楹聯叢話》一書。該書全新印刷與點校版本，於 1987 年由北京中華書局出版，白化文、李如鸞點校，相關內容介紹見頁 2 及頁 112。亦可參考 1998 年由華夏出版社出版的顏真卿《祭姪文稿‧爭座位帖》一書，「修身豈為名傳世，作事惟思利及人」散見於該帖的頁 1-14。

15 引自李文達於 2014 年 12 月 23 日在「李文達、蔡美靈 60 周年鑽石婚及 85 大壽慶祝活動」上的預錄視頻發言。

16 香港銀行家，時任恒生銀行總經理，乃港英政府垂青的對象。1968 和 1976 年，利國偉先後獲港英政府委任為行政及立法兩局的非官守議員，1978 年退出兩局。1983 至 1997 年間，利國偉擔任恒生銀行董事長，期間的 1983 至 1988 年再入行政局。由於名聲顯赫，利國偉還曾於 1982 至 1997 年間，出任香港中文大學的校董會主席。

17 澳門的「一二‧三事件」源起於 1966 年 11 月一場警察與人民之間的衝突。當時，澳門的氹仔居民自籌經費興建坊眾小學，因事先未向澳葡當局申請即自行架設竹棚架，遭澳門市政當局派人制止。當地居民不服，雙方對峙。11 月 15 日，澳門當局出動軍警毆打民眾，打傷 34 人。12 月 3 日，澳門各界代表為氹仔事件赴澳督府請願時，澳葡當局派軍警毆打請願代表，激起民憤，市內發生騷動，澳葡當局鎮壓時又造成傷亡。兩方經過幾回合的嚴重衝突後，1967 年 1 月 29 日，澳葡當局被迫無條件接受了所有要求。

18 「六七風暴」始於 1967 年 5 月 6 日，結束於同年的 12 月，是香港親共人士在中國「文化大革命」的極端思潮影響下，對抗港英政府的動亂。它由最初的工人運動、反港英政府示威，逐漸演變成後來的炸彈襲擊行動，死傷多人。

李文達（右二）與友人於 1976 年攝於黃竹坑李錦記廠房外。

第五章

危機中開拓

由 1954 至 1972 年這段近二十年的歲月裡，我的心情其實頗為鬱悶，因為大家都不想將李錦記做大做好，意見都很保守。堂兄李文叠本來負責公司的對外銷售，1964 年卻又早逝，公司更加積弱不振，銷售額一路下跌。如果我不接手改善，這家公司最終會被淘汰。

————李文達

引言

全力投入李錦記後，李文達無疑更能從實務中了解到，家族企業的發展進程「有辣有唔辣」（優點缺點兼備），亦對社會關係和人脈網絡等有了深刻的領會。與此同時，更能摸索出如何能讓生意與事業有所突破的竅門。至於一場突然掩至的「蠔水危機」，既考驗了第三代李氏家族成員們應變危機的能力與人脈關係，又凸顯了李文達在眾堂兄弟中的處變不驚，尤其在臨危受命下仍能從容應對，最終令問題迎刃而解，更如錐之在囊般揭示了他在關鍵時刻發揮力量與獨當一面的領導才能。

正如前文各章中提及，李文達的一生曾經歷無數困阻與危機。由於他具有小中見大的能耐，因而總是能夠在危困中見到機遇，在解決危困的同時抓緊機會，帶領家族及企業更上層樓。進入1970年代後，家族又碰上一場更為巨大的危機——內部分裂。可以預見的是，在那場危機當前，若然處理稍有不慎，或是低估了事件對企業的衝擊，很容易令其分崩離析，或是逐漸走向消亡。李文達則因洞悉當中的微妙所在，因而能夠做出正確決定，化解一場巨大危機，並且連消帶打地將企業推上另一發展台階。

三房鬧分裂

發生在 1972 年的這場三房分家危機，實乃李錦記繼 1965
年蠔水危機後一場更為重大的危機。李錦記當時已經走過
了八十四個年頭，歷經無數困阻與辛酸，才能達至當前的
一點成果。但是，若然那時家族決定三房拆夥，一分為三
地各走各路或是各有各做，極可能會令這個孕育於珠三角
口岸的老牌子走向衰頹消亡，從此煙消雲散、沒入歷史。

當然，若能善用那次危機，作出適切應對，危機往往可以
成為轉機，促使企業攀登另一高峰。回頭看，1972 年那
次家族內部的分裂危機，對李錦記未來的蠔油版圖而言，
實可謂是一個重大轉機，至於對李文達個人來說，更是一
生事業中最為關鍵的轉折點。因為，1972 年前，他固然
希望振興李錦記，奈何事事受制於家族的人多口雜與看法
各異，所以無法照自己的判斷和思路走。1972 年後，領
導權得以統一，可以一心一意地在他的主導下，開展他腦
中醞釀已久的藍圖，建構「李文達的李錦記」。

李兆南乃二代中的第三房（或稱尾房），一如其他傳統中國
家族企業的常態，屈於相對弱勢的地位。大房的李兆榮，
雖於二戰期間早逝，但遺有年紀較長的四子，其中李文
光、李文疊和李文安很早就參與了李錦記的業務。1965

年蠔水危機之前，李錦記的持牌人正是李兆榮的長子李文光。二房的李兆登逝於 1954 年初，遺有兩子，不過李民紹和李治平兩人並未積極涉入李錦記的經營。三房的李兆南也有兩子，長子李文達和排行第四的次子李文樂，相距十幾歲，僅李文達一人自 1950 年代中涉足李錦記業務。

事實上，李兆南乃李錦記的支柱人物，早年曾協助父親李錦裳改良蠔油配方，父親去世後則一直謹守作坊，不欺客地確保蠔油和蝦醬的原料純正優質，並耗費心血於改進生產環節和嚴控品質之上。李錦記的多年口碑，實奠基於此。李兆南不與人爭的性格，曾促使他於二戰後李錦記業務全面恢復時，刻意不讓躍躍欲試的長子李文達加入香港李錦記，而是將他外放廣州，讓他獨自闖蕩。

另一方面，李兆南也不安排 1950 年代末於香港聖士提反書院畢業的次子李文樂加入李錦記，而是由李文達引介到恒生銀行工作，有一個很穩定的職位，另謀發展。1954年李兆登逝世後，李兆南因輩分高，在子姪群中講話有了更大份量，也主掌李錦記賬簿，但他似乎從沒存有讓三房子嗣主導大局的不切實際幻想，隨著年歲漸大，後來也退休了。

然而，李文達對李錦記這個家族事業的熱情，儘管曾因志

不能抒而感到挫折，卻從未減退熄滅。醬料、調味品這一行，更是他從小就熟悉，對蠔油和蝦醬的味道極為敏感的他，一學即懂地掌握了整個生產程序、技巧和竅門。更為重要的是，他早就看透這個行業的入行門檻雖然不高，但要做得好、做得強卻並不容易，按他本人的說法是：「有錢人一般不想做，因為要買原料、要製作、要銷售，問題很多。」

李文達尤其敏銳地意識到，醬料、調味品是生活必需品，家家戶戶都會用，所以堅信只要做得好，市場其實可以無限大，對李錦記的未來充滿信心，並一直朝這個方向綢繆開拓。但他的這個奮進觀點，卻一而再地遭相對保守的堂兄弟們敷衍忽視，以致心情鬱鬱。他在訪問時這樣不無感慨地說：

> 由1954至1972年這段近二十年的歲月裡，我的心情其實頗為鬱悶，因為大家都不想將李錦記做大做好，意見都很保守。堂兄李文疊本來負責公司的對外銷售，1964年卻又早逝，公司更加積弱不振，銷售額一路下跌。如果我不接手改善，這家公司最終會被淘汰。

李文達或許早在1960年代中期，就萌生了向堂兄弟們買盡李錦記股份、獨力經營祖業的念頭，但他手上的資本，

卻又不足以讓他這麼做。1950年代李文達在澳門辦廠時，就賺到了人生第一桶金。到了1960年代，他透過李錦記以外其他領域的投資經營，如殯儀業、房地產業和餐飲業，雖然獲利甚豐，積蓄了更多資金，但李錦記說大不大、說小不小，要他那時以一己之力收購其他兩房的全部股權，實在仍有一段很大距離。

獨掌李錦記

豈料，1960年代下旬，港澳社會出現了戰後以來一場前所未見的巨大動盪，令投資氣氛逆轉，而這個一閃即逝的機會，則給心清眼明的李文達敏銳地察覺到了，然後作出果斷決定，最終促成了人棄我取、獨掌李錦記的局面，讓李文達日後可以朝本身既定目標前進，盡展所長。

1966年5月，中國內地爆發了歷時十年的「文化大革命」，緊接著的同年12月，澳葡政府因處理警民衝突不當，激發了「一二‧三事件」。隨後在澳門爆發的連串血腥衝突，又擾攘月餘，嚴重地影響了澳葡政府的管治，到翌年1月29日，才以澳葡當局無條件接受民間提出的所有要求作結。

香港和澳門於殖民統治下，長期遭到忽視、積壓的社會矛

盾，開始結合「文化大革命」風潮下年輕人冒進、激進的鬥爭氛圍，引發躁動。香港1966年4月因天星小輪加價牽動的九龍騷亂事件，(1)雖無外力因素，卻已是山雨欲來。「文化大革命」的火頭被挑起後，中國國務院內專責港澳事務、作風一向穩健的廖承志失勢，(2)翌年5月，香港即爆發「六七風暴」。

「六七風暴」雖於1967年12月告一段落，港英政權不倒，香港前景卻已蒙上一層不確定的陰影。李文達的堂兄弟姐妹和他一樣，都曾經歷過1949年中國政權更迭的大時代衝擊。而他們眼下既有能力遠走美國和加拿大等地，也就開始醞釀要出賣祖業以套現移民。李文達對此，則有不一樣的判斷。

首先，他認為香港經濟較為動盪的1960至1970年代，李錦記的銷售主要還是以出口北美洲為主，香港市場的得失，對李錦記的營業額影響不大。其次，他的平價蠔油大計，首要目標也是美國市場，所以香港社會的動盪，他承受得起。其三，他對港英政權當時的穩定仍有把握，並覺得當時的中國政府未必想立即收回香港主權，或樂見香港陷於動盪不安，所以當時的社會躁動，應該只是一時現象而已。

基於上述對當時港澳社會變局的觀察或考慮，李文達曾於「六七風暴」前後，做出了連串與別不同的進取舉動，大大地影響了他的人生和事業發展。舉例說，他曾斥巨資購入中環德輔道中156-164號通用商業大廈五座中的其中一整座，樓高十五層，且並非拿來短期炒賣，而是作為長期收租之用，可見他那時對香港的前景，仍懷有堅實信心。

據李文達本人回憶，當開始觸及分家的細節時，長次兩房曾聯手迫李兆南的三房將股份賣給他們。但李文達堅決不肯，率直回應說：「我就是做這盤生意的，沒辦法賣給你。」這也顯示他確實對蠔油生意情有獨鍾，別無二心。大家在多番討論後最終同意，李錦記公司總值港幣六百九十萬，如果三分，每房應得二百三十萬。大房、二房如果要聯手收購三房股份，每家就只需要拿出一百一十五萬。反過來說，若是三房打算全購另兩房的股份，就要掏出整整四百六十萬。「可是，我們哪有這麼多錢？」李文達這樣說。結果，談判僵持不下，期間還一度出現「索性將李錦記一拆二或一拆三（即拆成兩三家新庄號）」的提法，顯示那時的李錦記極可能陷入分裂深淵。

李兆南在分家談判之初，顯然與長子抱持不同的觀點。儘管三房之間常常意見相左，李文達覺得父親的看法基本上還是很傳統的，強調「家族團結，李錦記才能興旺久遠；

躁動的年代：1967 年的社會震盪，曾令不少人選擇離開香港，
李文達則決定人棄我取，實行「擼起袖子加倍幹」。（照片提供：高添強）

家族不團結，分了家則李錦記必散，無法世代相傳」的觀念，所以壓根兒不想分家，深怕祖父李錦裳一手辛苦打下的基業，毀在李家第三代的手裡。

據曾展威進一步憶述，李兆南曾帶著他和另一澳門店裡的夥計一起去拜訪二嫂（李兆登遺孀），勸她出面主持大局，三房不要分家，並不無嚴肅地警示，一旦分家，李錦記的生意必將大受影響。不料二嫂僅淡漠地說：「那些人我都管不到了，由他們去吧。」李兆南由二嫂這番意料之外的回應，看到了大房二房分家的堅決心意，為此「眼濕濕」（傷心落淚），帶著非常沉重失望的心情離開。

分家談判最終因前兩房成員在「六七風暴」後，實在已無心留守這不大不小、看似前景不太光明的李錦記祖業，而在僵持半年後，同意讓李文達分期付款，全購這兩房的股份。李錦記的第一回分家，於焉底定。1971年7月14日，三房成員在的近（Deacons）律師行見證下簽約，完成承／退股手續，並於數日後，在各大中、英文報章刊登啟事昭告社會各界：

李錦記承／退股啟事

李錦記乃向由李兆南李文達李文樂（下文統稱「承股人」）及李文

一九七一年七月十四日　香港松仁大廈六○一室

退股人之代表律師的近律師行

承退股人之代表律師的近律師行

李錦記力向由李兆南李文遠李文熙（下文統稱「承股人」）及李文光，李文安，李文疊之承辦人（李正明及李文安）李民紹及李治平（下文統稱「退股人」）合股在香港大道中二○七號地下經營蠔油蝦醬等食物生意，現雙方已於即日在的近律師行簽約退股人退出該李錦記之生意並負責李錦記以前全部讓與承股人今後由承股人全部經營該李錦記將其名下之股份權利現在及以後之債務，此後有關李錦記之華洋債權與退股人無涉，此啓。

李錦記承 / 退股啟事：企業轉捩點的印記。

光，李文安，李文疊之承辦人（李正明及李文安）李民紹及李治平
（下文統稱「退股人」）在香港大道中二〇七號地下經營蠔油蝦醬
等食物生意，現雙方已於即日在的近律師行簽約，退股人退出該
李錦記，將其名下之股份權利全部讓與承股人，今後由承股人全
部經營該李錦記之生意，並負責李錦記以前現在及以後之債務，
此後有關李錦記之華洋輒輳與退股人無涉，此啟。

承／退股人之代表律師的近律師行

一九七一年七月十四日　香港於仁大廈六〇一室

李文達至今仍清晰記得，李錦記當時還不是有限公司，所
以牽涉其中的所有家族成員都要簽字。他說：「於是，當
天在香港於仁大廈的的近律師行內，大夥在律師講解下簽
署一份又一份的文件，由下午四點鐘，一路簽文件簽到晚
上的十點多十一點。」大房及二房在李錦記退股協議中簽
名退出，李文達則簽名承頂，此舉無疑標誌著李錦記進入
了李文達時代，這間不大不小的李錦記，自交到李文達手
上，在大約三十個年頭的經營和不斷發展下，竟蛻變成為
產品遍佈全球的跨國大企業。

擺脫金山庄

1972年李文達掌舵李錦記後，立即實行的兩項決策，其

實是互為表裡的同一件事：他要擺脫金山庄，同時推出平價蠔油。所謂互為表裡，是說要擺脫金山庄，便需要靠平價蠔油的大市場需求推動；而平價蠔油需要搶佔更大市場的銷售網絡，若不能擺脫金山庄的掌控，仍然事事受制，則絕無前途。

李文達早在 1960 年代，就已吃盡金山庄壟斷力量的苦頭。當時，他在李錦記中負責的所謂對外業務，重中之重，不是與北美洲的代理商、商戶或消費者直接聯繫，而是要勤走金山庄。李文達到各金山庄口收錢、取單之餘，還要應酬討好他們，因為李錦記最關鍵的北美洲華僑、華人銷售網絡，就掌握在他們手裡。李文達尤其不滿金山庄「兩頭賺佣」的行為，透過中介服務賺得太兇，嚴重剝削了廠家利潤，亦不利普羅消費者。而為了討好他們，廠家還需要在過年過節時給各家金山庄送厚禮，開支不少，因而又徒增間接成本。

李惠民、李惠雄兩兄弟至今清楚記得，童年時代，每逢大年初一，父親總會先去跟一眾金山庄的庄家拜年、送禮，接著才拜訪祖父李兆南和其他自家親戚，可見扼有李錦記銷售命脈的金山庄，令李文達不得不向他們低頭。李錦記供應蠔油為金山庄帶來不少生意，卻反過來要十分被動地視金山庄為衣食父母，受它們諸多牽制。

金山庄是香港特有的歷史產物，反映的是香港自十九世紀中期開埠以來，就一直扮演的溝通中國與世界的獨特中介角色。二戰前的香港，除了金山庄，其實還有新金山庄（悉尼）、秘魯庄、日本庄、呂宋庄（菲律賓）、安南庄（越南）、庇能庄（檳城）、渣華庄（爪哇）、泗水庄等。金山庄專門代客辦貨至美國的三藩市、洛杉磯、紐約，以及加拿大雲高華（溫哥華）等華僑聚居的大埠。其代購代運的物品很雜，完全取決於北美華僑客戶及商戶的需要，不過幾個大項則是中式食品（如臘鴨、鹹蛋及各類調味品）、藥物，以及珠三角一帶的土特產。而代購代運以外，早年的金山庄，也包辦了赴美的華南勞工在香港中轉時的住宿，以及他們抵達美國工作後，與家人聯繫的家書、僑匯等傳遞服務（鄭寶鴻，2016：50-52）。

1840年代第一次鴉片戰爭後，五口通商使中國東南沿海一帶門戶洞開，因而有了華南一帶鄉區的華工開始出洋。而華工的三大目的地，就是金山（廣義指美國）、南洋（今東南亞各國）和新金山（廣義指澳洲）。於是數十年後，即1880年代初期，香港已出現了廣裕豐、廣永生及泰興隆等金山庄。1890年代，又進一步發展成百多家金山庄的規模，分佈於皇后大道中、皇后大道西、德輔道中、德輔道西、文咸街、永樂街及干諾道等由上環海旁延伸而出的一帶街區（鄭寶鴻，2016：50-51），數量比主導民生和金

記錄金山庄貨銀交割細目的賬簿，現已是李錦記極珍貴的歷史檔案。

融的米舖與銀行還要多，成為一時獨有的商業現象。

到了 1930 年代末，香港的金山庄仍有約 150 間，為數不
少。不過，當時中外戰雲密佈，金山庄的經營已經顯得頗
不容易。1942 至 1945 年日佔期間，香港的金山庄因無法
和美國方面通商，曾紛紛改往澳門甚至廣州灣（即湛江一
帶）繼續經營（鄭寶鴻，2016：52）。到了 1952 年，美國
因韓戰擴大了對中國內地產品的進出口限制，金山庄這個
行業也開始走向沒落，但並未迅速衰頹。

當時，與李錦記往來較多的金山庄，有宏裕隆和植生祥
等。(3) 據父祖兩代都在經營宏裕隆的雷錦尚回憶，金山
庄乃香港轉口貿易的核心，對經濟發展十分重要。以宏裕
隆為例，調味品便佔了該庄口為三藩市華僑、華商代購貨
品的八成，而這當中，又以蠔油為大宗。李錦記遍佈全美
國的關聯庄口，曾有二十幾家，在東岸紐約的庄口，又比
西岸三藩市的為多。

想要擺脫金山庄，就必須自搞一套以李錦記為本的銷售體
系，直接打進北美市場。這事李文達早在 1960 年代便已
和堂兄弟們商議過，但沒有人願意去冒和金山庄搞砸關係
的風險，而更為重要的，相信是怕另起爐灶過程中的勞
苦。金山庄提供的中介服務固然省事，但它們畢竟不是李

錦記的專屬代理商，賣什麼不賣什麼，並不是從李錦記的利益角度思考，更不會去代李錦記好好經營北美的客戶關係，關注消費者與商舖的意見反饋。此外，隔著金山庄，李錦記也難以及時掌握市場上的銷售情況、客戶口味和貨品定位等轉變，因而難以更準確地規劃生產。

李文達雖然一心籌劃擺脫金山庄，但卻不會輕舉妄動，因他清楚知道當中的巨大風險。所以他決定推出一個新牌子的產品，一來轉移金山庄的視線，二來亦另闢新的市場空間。由於李錦記蠔油一直走高品質、高檔次路線，他在深思熟慮後決定踏出的第一步，就是推出平價的「熊貓牌」蠔油。

打響「熊貓牌」

必須指出的是，李文達想開拓平價蠔油的念頭，早已醞釀多時。他的一貫思路，是如果只做品質上乘的高檔貨，就難有大銷量，也就無法將生意做大，所以高檔和平價蠔油都要賣，不能偏廢，以迎合不同的客群。不過，一如李文達本人所言：「平價蠔油並不意味著直接以水『溝淡』（稀釋），或如坊間的其他牌子般，以較低劣的原料生產製作。」他一直堅持蠔油的鮮味不能妥協，絕不欺客。

然而，蠔油配方的研製、改良，對李錦記這類醬料企業來說，又極其敏感，難以信任外人。李文達於是找來已退休的四妻舅蔡昌耀加盟，借助他金陵大學化學系的專業與知識特長，為李錦記研製平價蠔油的配方。至於熊貓牌蠔油的命名，則純是偶然機緣下的觸動，倒是沒有太多算計。

1972年2月，亦即李文達執掌李錦記的同一年，美國總統尼克遜（Richard Milhous Nixon）打破「冷戰」氛圍訪華，中美兩國邁向關係正常化的重要一步。由於這是冷戰格局下，美國、蘇聯與中國三角戰略的重大轉折，因而被視為當時的國際外交大事。尼克遜訪華結束前的最後一晚，周恩來代表中國政府宣佈將一對大熊貓送給了美國，成為中國歷史上的首度「熊貓外交」。熊貓不但備受國際社會關注，也吸引了無數美國人的目光。

由於這對安頓在華盛頓國家動物園的大熊貓十分活潑可愛，更是舉國難得一見，所以迅速掀動了美國民眾對熊貓的好奇與熱情。時機偶然，滿腦子縈繞著如何開拓美國市場的李文達，遂觸覺敏銳地為其平價蠔油取了「熊貓」這個讓人頗能聯想和玩味的品牌名稱，並一炮而紅，成為一時佳話。

萬事俱備，李文達把熊貓牌蠔油首先推向北美市場。他務

讓李錦記闖出另一片天的熊貓牌蠔油標誌（上），
與昔日的舊庄蠔油標誌（下），李文達曾參與了兩個標誌的創作。

實地兩路並進，一方面仍借重金山庄的舊網絡銷售熊貓牌
蠔油，另一方面則親自上場，飛到美國幾個大城市，一來
親自拜會當地亞裔社區的雜貨舖和餐館老闆，以示尊重，
二來直接向他們推銷新產品，或是洽談當地代理，試圖建
立掌握於自己手上的銷售網絡。然而，事與願違，熊貓牌
蠔油起初賣得並不理想，給李文達帶來一些打擊。所以金
山庄的舊網絡向李錦記要貨時，還是以高檔的舊庄蠔油和
蝦醬為主，反而李文達一心希望建構的以李錦記為核心的
銷售網絡，則未能確立。

面對一時的冷淡與陰霾，李文達並不服氣，因他對自己的
眼光有信心，背後支撐這個理念的，在於他相信本身所生
產的蠔油有質素。在他親赴美國的那段時日裡，曾一連幾
天，待在洛杉磯和紐約的唐人街超級市場裡尋找答案。他
敏銳地發現，自己的判斷並沒有錯，平價蠔油絕對有市
場，需要改進的，只是行銷上的細節與新品牌的形象而
已。譬如熊貓牌蠔油的包裝顏色不夠鮮豔，在琳瑯滿目的
商品中不夠突出。於是他發傳真到香港，要求相關人員重
新設計，迅速地將熊貓牌蠔油的包裝主色由黃變紅，以增
強視覺效果。

另一方面，他又針對區域代理商和亞裔社區內的雜貨舖及
超市店主，把包括熊貓牌蠔油在內的李錦記貨品，先出貨

給對方販售，待售出後才付款，提升他們銷售李錦記商品的積極性。對於這種別樹一幟的推銷手法，李文達在訪問時說：「人家要一個（貨）櫃，我就發兩個櫃；要五個櫃，我就發十個櫃。」在連串推銷策略調整後，熊貓牌蠔油最終因為品質好，打開銷路，所以他不無滿足地表示：「結果那些經銷商過不久又拿著錢來找我，說賣完啦要再拿貨，沒想到這麼好賣嘛。」（武雲溥，2013：82）

據李惠民、李惠中及李美瑜等人的憶述，父親這套極具膽識的「先賣後付」市場推銷策略，往後還曾多次運用過，當時尤其契合亞裔社區內新興小商戶的需要，後來則有若干微調，但仍能取得不錯效果。在那個年代，「先賣後付」方法對那群經濟實力還不夠豐厚的年輕店主而言，無疑極具吸引力。他們往往因現金不足，沒辦法預付貨款而影響生意，李錦記卻能「先賣後付」，自然吸引他們多販售李錦記產品。

恰恰就在 1970 年代，港、台和東南亞各地，也開始有新一波華人移民湧入北美。有別於早年的華工，這批新移民多是中產人士，或是受過高等教育者，具備一定的經濟基礎，遂為北美的傳統華人社區重新注入活力，帶動了中式餐飲業的蓬勃發展。當時的北美中餐館，仍以粵菜為主，蠔油和海鮮醬則是這些中餐館廣泛使用的醬料，因而又令

李錦記蠔油的銷量急速上升。(4)

李文達既已直接和北美的代理及商戶接觸，就更加注重李
錦記的商譽和品牌，不讓客戶吃虧。當時曾有位美國代理
商對某批蠔油的口味有意見，儘管不是質量問題，李文達
也不爭論，立刻就將那批貨收回，改換一批再發過去。這
筆交易，單算運費就損失很多，李文達卻始終認為為了商
譽，絕對值得（武雲溥，2013）。正因李文達視李錦記品
牌如生命，李錦記的系列產品，往後多年在北美中式調味
品市場上的佔有率，一直居高不下，起點或許在此。

四代人的北美洲歲月

李文達和蔡美靈所生的五位子女——即李錦記第四代，都
在香港完成小學教育，中學和大學階段則基本上都是在北
美洲的加拿大和美國完成。子女遠赴北美留學初期，為了
更好地照顧他們，蔡美靈曾親赴當地，陪伴孩子們學習成
長，共同度過一段不算短的北美歲月。李錦記於1980年
代後高速發展時，眾子女則成了開拓北美業務的巨大力
量。所以如李文達所言，李錦記的市場佔有率當時能節節
上揚，實有賴眾子女的襄助，而他們的北美歲月，對此關
係重大。

吾家子女初長成——求學階段且稚氣未消的第四代，
由左至右為李惠民、李惠雄、李美瑜、李惠森、李惠中。

1972年，在香港完成初中課程後的李家老大李惠民，率先踏上了負笈海外之路，當時升學的目的地，是加拿大維多利亞（Victoria）的某間寄宿學校。蔡美靈之所以選擇加拿大，主要是她有甥兒在那裡當醫生，可就近有個照應。李惠民回憶說：「三個月後，父母到學校探望，還未踏進宿舍房間，就已經聽到打麻將的聲響。父親大怒。我當時解釋說，不關我的事，是其他學生。雖然如此，父親已經對該校的環境不滿，學期結束後就要我轉校。」

於是，蔡美靈的甥兒介紹了離多倫多約一百英里遠的另一所寄宿學校，讓李惠民入讀。李惠民轉到那裡就學後，卻沒住進該校宿舍，而是遵母命向學校要求外宿，住在學校附近的另一座小鎮。然而，李惠民接著說：「父親後來還是對那一帶的環境不滿意，主要原因是覺得那個小鎮實在太小、太過與世無爭，認為那種環境不免讓人安逸怠惰、喪失鬥志，所以希望我再度轉校。」

1973年，李美瑜和李惠雄也相繼出國，以成績和興趣入讀不同學校，都是補習老師幫他們選擇推薦的。李美瑜在夏威夷的寄宿學校度過一年，由兩位舅父在那裡照應。李惠雄則是到了加拿大偏僻的紐賓士域省（New Brunswick），入讀軍校。1974年，李文達夫婦安排三兄妹都聚到了李惠民在加拿大的宿處作伴，也便於蔡美靈照顧。

1975 年後，李家子女又由加拿大的多倫多附近，逐漸聚到了美國三藩市一地。李文達夫婦在三藩市本就有很多朋友，後來為便利子女在三藩市就學，更在三藩市灣區的貝爾蒙特（Belmont）買了房子。李惠中和李惠森的中學階段，正是在這一帶度過。據蔡美靈回憶，由加拿大遷徙美國時，她要親自從多倫多開車，橫越整個美國大陸，足足開了四天。當時李惠民僅十七歲，李美瑜十六歲，路途中雖曾幫忙開車，主要還是靠她獨力完成。蔡美靈在美國加州時，還有一回開車外出購物迷了路，但她並未立刻急著去找出路，而是繼續購物。兒子李惠森說，母親那時並不擔心，還說：「shop 完再搵出路！」（買完再找出路）所以他覺得母親就如父親般很有膽色，處變不驚。

李文達本身是家中老大，信守「長兄為父」的古訓，對子女也要求他們對外務必團結一致。李美瑜說：「父親常教訓我們，在外頭一定要聽大哥的話，他說什麼你就要做什麼，哪怕他說得不對，你也要照做。」正因如此，李文達夫婦不在子女身邊時，孩子們的零用錢就全都交給李惠民，再由他分派給弟妹，而李惠民也把錢管得清清楚楚。李美瑜接著補充：「Eddy 會把家裡打掃得非常乾淨，自己天天擦地。我們的分工，通常是我煮飯，David 洗碗，Eddy 擦地倒垃圾……他要整理到房間非常乾淨才滿意。」另一方面，李惠雄則提到，思想傳統的父親，一直希望子

女根在香港，所以即便在國外求學，也會要求他們每年返港一兩回。

子女即將升讀大學時，李文達不曾特別指定他們該讀哪些科系，但他常常掛在嘴邊的一句話，就是「你讀什麼科系都好，讀完就回來幫手」。兒女心領神會，結果都選了與家族事業相關的科系。李惠民1980年畢業於加州大學（戴維斯分校）的食品科學與科技專業，李美瑜同樣是修讀食品科學。李惠雄則是畢業於南加州大學的馬歇爾商學院，修讀工商管理及市場學。

年紀較輕的李惠中和李惠森同樣出身於美國著名大學，前者在南加州大學化學工程畢業，後者則拿了南加州大學企業管理與財務系學位。即是說，五名子女均在著名大學畢業，不枉父母一番苦心栽培。除了老么李惠森有餘裕在香港的花旗銀行工作過一年多外，其他四人都是在畢業之際，就被李文達急急「徵召」，投身家族事業，日後又都能獨當一面，將李錦記的發展推向另一光輝台階。

快人快事

具「工作狂」性格而活力充沛的企業家，總是同時具備性格急躁、凡事要快，而且十分強調效率的特點，李文達顯

子女學有所成，父母舒展笑顏。進入八十年代，第四代先後畢業於美國著名大學。
此照是李文達夫婦與李美瑜、李惠民攝於加州大學戴維斯分校。

然正是這種類型。所以他必然在拿定主意後，立即開足馬力，勇往直前。1970 至 1980 年代，李錦記由黃竹坑到田灣的飛速擴張，就是非常典型的、李文達快人快事勇猛奮進的「工作狂」作風。

李文達的快人快事，首先表現在開車上。與李文達相處已有一甲子的老臣子曾展威提到，李文達在澳門時，就以開快車出名。李兆南曾憤憤地說：「文達開車，當你死嘅。」李文達喜歡意大利的「快意」（Fiat）汽車，正是因為貪其快，尤其紅燈轉綠燈時加速快，可立刻拋離他人。

兒子李惠民在暢談青年時期與父親相處的軼事時，更提過一則外人從未聽過的父親壯年時的開車趣事，從另一側面揭示了李文達與生俱來講求速度、永不願落居人後的性格。且聽李惠民娓娓道來：「話說當年，全家人坐著父親開的車子外出，經過黃泥涌時，旁有車子向父親挑釁，惹怒了父親。於是父親叫我們統統下車，獨自與該挑釁者『單挑』，和他賽車去了。」

李文達對掌舵李錦記後引領業界的重大發展，尤其是讓平價蠔油成為一時風氣一事，甚感自豪。他曾說過：「1972年後，所有嘅行家，我做乜嘢，個個就跟住做。」（所有行家，我做什麼，大家都跟著做。）但他自 1970 年代後

即念茲在茲的醬油，卻搞了十幾年都不成功，令他頗為失望。到了 1980 年代，他還因此損失過整整三百個貨櫃的醬油，可謂「老貓燒鬚」。李錦記於 1995 年到新會的七堡祖鄉設廠後，繼續研究，一直到 2000 年，才終於成功生產出優質醬油，這點亦反映出他的鍥而不捨。搞醬油契合他一貫的思路，即醬油在民間日常調味品中的使用量，其實最大，搞不定醬油，就一定無法讓李錦記更大更強。

1972 年李文達全面接手李錦記後，因熊貓牌蠔油在美國市場的成功，需要擴產，於是在港島黃竹坑買入一塊地，建起了一座兩層樓的全新廠房。廠房其實不大，面積僅七千平方英尺。黃竹坑廠房時代，李錦記一方面忙於平價蠔油的生產，一方面已開始研製其他的調味新品，醬油固然重要，可是李文達已經暫時無暇他顧了。

1976 年，黃竹坑廠房正式投產。順帶一提，李文達買入黃竹坑那塊地皮時，原業主的嘉道理家族（Kadoorie family）原本只願出租，不賣。但李文達卻覺得那塊地皮不錯，有助發展，於是直接和對方洽談買賣，並最終促成了交易，令不少人對他能夠憑三寸不爛之舌說服嘉道理家族「轉租為售」一事，嘖嘖稱奇。

黃竹坑廠房時代的重要發展，首先是生產技術上的躍進。

李錦記於皇后大道中262號的作坊裡生產蠔油時，用的燃料仍是柴火，熬煮蠔油時不免煙燻火燎，作坊都要緊閉大門。1968年後，李錦記短暫落腳於西環的吉直街時，開始逐漸轉用柴油作燃料。1976年遷入黃竹坑廠房生產後，在四妻舅蔡昌耀建議下，李文達添購了蒸氣鍋爐，再經過局部的調整改動，終於實現了以蒸汽來熬製蠔油。蔡昌耀除了要設備，還要人，建議李文達就近向對面維他奶廠房的技術部門挖角。李文達對這些建議照單全收，從而壯大了李錦記的技術團隊，令生產技術有了很大提升。

黃竹坑廠房時代的另一重大發展，是新產品的開發，這方面則主要得力於李文達七妻舅蔡昌桓的協助。蔡昌桓畢業於嶺南大學獸醫系，1950年代就已移居美國的夏威夷，在地捫（Del Monte）食品公司負責過食品生產的品質管控。李文達相中了蔡昌桓的才能與經驗，邀為己用，結果研製了今天李錦記的老牌產品之一——鹵水汁，而蔡昌桓也成為推動李錦記進一步發展的功臣。李美瑜在美國讀完食品科學系後，曾在李錦記的黃竹坑廠房協助蔡昌桓，研發了李錦記的一系列新產品。她回憶說：

> 我特別記得除了蠔油和蝦醬外，當時做鹵水汁、叉燒醬之類的頭一兩個新產品。我要幫忙把藥材打粉、熬汁……還記得當時出去約會，全身鹵水味，甘草啊、桂皮啊，聞起來

1981 年，李文達在黃竹坑廠內檢視李錦記包裝。

好像嘴裡吃著甘草一樣，從頭到腳……就算換下了全身衣物，還是滿身氣味。

黃竹坑的廠房裡，當年還有李文達弟弟李文樂的勤奮身影。李惠民和李美瑜在多次訪問時都曾提到，黃竹坑廠房時代，已經全心投入李錦記的叔父李文樂很熱愛其工作，總是第一個上班，最後一位下班。李惠民說：「沒有人的工作勁頭高過他。他不走，其他人也不敢走。他真的很熱愛自己的工作。」李惠民還簡略地補充說：「文樂叔是個操作員性格的人，很多事情看得很細。」可以這樣說，李文達講「大事」，李文樂則愛管「小事」，兩人對事情的看法，實在頗不相同，這樣雖有一些分工，互補長短，但有時亦有分歧。

投地顯眼光

黃竹坑的廠房運作才沒幾年，李文達的奮進速度即再度超車：李錦記需要更大的生產和辦公空間了。李文達於是四出另覓地方，並在經過一番物色後看中了同樣在港島的田灣某狹小地塊，面積僅六千平方英尺，但足以興建一座多層大樓，供李錦記生產及辦公之用。該地原是官地，由政府為鼓勵工業發展而釋出，需要參與公開拍賣，與不同競爭者「拗手瓜」（爭奪），才有望取得。

到了土地拍賣當天，拍賣場內的「凍蝦大王」蔡繼有是主要對手，因為田灣那塊地皮鄰近蔡繼有的廠房，他曾表示希望投得該地，以提升土地利用的協同效應。蔡繼有可說是和李文達性格相當的一時人物。兩人都出道早，敢作敢為、乾脆俐落，做事效率極高，商場上皆以誠信著名，甚至同齡。蔡繼有以海產起家，當時已經貴為香港新華集團的董事長，和日本人的海產生意做得非常成功。（《壹週刊》，2007）拍賣場上，雙方競價數回合後，李文達一方的銀行代表李鴻昌，眼見對方堅定，急問李文達：「李生，你意向如何？對方好硬啊。」李文達只堅定回了五個字：「我志在必得！」

李文達回憶那次拍賣場上的激烈競爭時指出，在又一輪的競價中，他觀察到蔡繼有和他身邊人私下商議過兩次，所以便給李鴻昌發出指示：「對方一出價，你就跟住快速再嗌價。不能慢，不要停。」李文達冷靜專注，同行的李文樂則緊張得手心冒汗。當時全場靜默，都在看兩雄相爭。蔡繼有最終住手，走過來大方地和李文達握手，說：「我們以後是街坊啦。」由於蔡繼有早就在田灣擁有物業，並表現出很大興趣，眾皆以為他必可拿下那塊地，豈料失手，令人大掉眼鏡。翌日，業界紛紛以「蠔油王贏了凍蝦王」為題，議論此事。

業界之所以議論此事，是因為拍賣價超出市價甚多。李文達看似拍下了一塊高昂地皮，卻很有眼光，兩年後該地塊就已升值。此外，蔡昌道在談到那次土地拍賣事宜時也指出，該地塊的買賣條件甚佳，可以不必一次付清款項，若干年後才開始支付，利息也低，更可分期付款。話雖如此，曾經在恒生銀行當過會計、做事很注重細節的李文樂，還是頗有意見，覺得背負債務以高價買地，不是個好主意。兩兄弟的思想距離，開始逐漸拉大，埋下了兄弟倆各走各路的李錦記第二次分家伏筆。

1982年，李錦記就在田灣的這塊狹小地皮上，如願以償地很快完成建築工程，豎立起一棟十七層高的大樓。相較於黃竹坑廠房，李錦記的田灣廠房不僅空間大增，還配備了李惠民和蔡昌耀兩舅甥在美國費心尋覓後，從芝加哥某個專營乳製品生產設備的企業裡弄來的一整套二手裝備。李惠民更表示，那套二手裝備價廉物美，經過改裝，大幅提升了李錦記生產和灌裝蠔油的機械化效率。

不過，急躁而事事強調效率的李文達，或許也沒有料到，田灣的廠房運作僅僅兩年，到了1984年，就因產品的需求旺盛，再次出現廠房不敷應用的問題。這種發展局面，顯然又令喜愛訂立較高奮鬥目標的他，作出更進取的努力。李錦記正要騰飛，可路途上卻暗湧處處。

1982 年的田灣廠房和那巨大宣傳條幅，兩者都甚有氣勢。

211

歷史前進軌跡的興衰起落，實乃每個重大決定是否正確的
最有力說明。三房醞釀分家一事雖曾令李兆南十分困擾，
但能小中見大的李文達，卻看到分裂危機背後的機遇，並
在那個關鍵時刻緊抓機遇，然後轉危為機，既避過祖業瓜
分的格局，又在危機過後令李錦記可以重新上路，獲得更
為巨大的發展動力，在往後的歲月裡急速騰飛。

眾所周知，修剪樹木對植物健康成長的重要作用，包括清
除枯葉朽枝令養份集中、防止細菌擴散，並可讓陽光由
樹冠透進整棵樹裡，促進空氣流通等。從這個角度看，
1970 年代初，李錦記因為家族內部發展目標不同，出現
分裂，在經過枝葉「修剪」後，清除了內部矛盾、集中發
展力量，前進目標也更為明確。於是，我們可以清晰地看
到，在化解一場分裂或是窒礙企業發展的危機後，由李文
達全面領導和管理的李錦記，短短十數年間，便有了連番
突破，業績節節上揚，再不是昔日的吳下阿蒙了。

1 1966年4月的天星小輪加價事件，是因往返中環和尖沙咀之間的天星小輪加價港幣五仙而起。當時香港仍未建有海底隧道，渡輪是橫渡維多利亞港唯一的公共交通工具，輿論普遍對小輪加價，反應強烈。4月4日，青年蘇守忠到中環的愛丁堡廣場碼頭絕食抗議，翌日被捕。4月6日晚，開始有市民上街抗議加價，九龍一帶曾連續兩晚爆發騷亂。港英政府出動軍警鎮壓，最終導致一人死亡、十八人受傷、一千八百多人被捕（張家偉，2000：11-22）。

2 廖承志時為「華僑事務委員會」主任，「文化大革命」爆發之初的 1966 年 8 月間，曾指示香港親共左派團體不要在香港發動「文革」。又，華僑事務委員會即「國務院僑務辦公室」前身，1978 年改易今名。

3 據李文達憶述，植生祥在三藩市的對口庄號為「永生祥」，老闆姓蕭。該金山庄在香港的門店，當時座落於中環的砵甸乍街。

4 李惠中提到北美的中餐館，往往會拿蠔油來烹調牛肉，將蠔油牛肉賣給當地的洋人和黑人。

大埔工業邨李錦記廠房奠基一景，不久即豎立了樓高五層、甚具氣勢，且極為 敞的廠房，
標誌著公司發展登上另一台階。

第六章

危機中
騰飛

到了 1986 年，我弟弟又說要分，給了他八千萬現金。我
賣了所有東西都不夠，皇后大道中的南慶大廈十幾層賣
了。黃竹坑 31 號，維他奶隔壁那個，也是很便宜賣了，
才賣一千一百萬。田灣那個，十七層，才賣四千六百萬。
1988 年才建好的大埔廠房，當時建築費也沒錢給，是跟
銀行貸款的。

——————李文達

引言

1980年代的香港政治與社會，可謂波譎雲詭、暗湧湍急，原因是中英兩國就香港前途問題展開談判，明爭暗鬥不斷。到確定中國政府必會在1997年7月1日恢復行使香港主權，結束英國殖民統治，然後又簽署《中英聯合聲明》後，中英兩國就過渡期安排繼續談判，仍有不少分歧與爭奪之時，市場與社會依然風雨飄搖，「信心危機」問題更長期困擾社會，多次因為不同政治人物的舉動或政治事件的變化，令市場與投資者捕風捉影，作出較預期激烈的反應，引起社會震盪。

在這種時局變化與發展形勢中，當那些對香港前途缺乏信心者選擇賣田賣地、收拾細軟移居他方時，以港為家、心懷桑梓，且已經見慣風浪的李文達，一如既往地憑其小中見大的能耐，察覺未來應有一番天地，所以既對香港可結束殖民地統治而雀躍，又因國家可以收回主權而鼓掌。更為重要的，是他能在那個人心惶惶的時局裡危中見機，人棄我取，找到可以促進企業騰飛的更大舞台與動力。事實上，因為他能在那個重大變局中抓到機遇，李錦記隨後才能一飛沖天，傲視同儕，並有了日後截然不同的一番令人艷羨的發展景象。

中英談判與大埔購地建廠

李錦記在田灣石排灣路40號的新廠，1982年開始運作。新廠雖有整整十七層樓高，但所處地塊細長狹小，每層樓的空間都不大。除了要設法擺入自家改裝過的二手機械化生產設備，還需要騰出行政辦公的空間，使用效率大受限制。李文達、李惠民父子為了蠔油的自動灌裝設備等，還曾特地赴德國參觀相關廠商。此行讓李文達眼界大開，很多好東西他都心動想買，卻沒足夠的資金添置。李惠民指出，就算後來拼湊而成的生產線機械，也由於廠房空間狹小，被迫要順著建築物的彎角轉彎，遷就環境，難以暢順運作。

父子倆當時的規劃是：七樓以上用來放包裝用品及生產工具等，更高的樓層則闢作辦公室。而六樓以下，就全用作工業生產。蠔水的熬煮始於六樓，五樓煮糖，四樓和三樓包裝，二樓倉庫，地下出貨。不過出貨還有些小麻煩，就是該區的公路配套並不理想，廠房出口處的路面相當窄小。新華集團的海產加工廠，當時已由學成歸來的蔡繼有之子蔡冠深接手，(1)並在大力拓展業務，該廠的門口就對正李錦記廠房出口。李惠民笑指，因為路面窄，又有彎角，兩家無法同時出貨，貨櫃車都要互相遷就騰挪，難免給大家帶來不便，影響了貨物上落，窒礙業務發展。

無論如何，田灣廠房終究是比黃竹坑廠房來得大。有了田灣廠房，李文達終於可以將黃竹坑廠房時代還處理不了的某些新產品，拿到田灣生產。蠔油毫無疑問仍是主角，不過李錦記海鮮醬、鹵水汁、蒜蓉豆豉、蒜蓉辣椒、叉燒醬等等，也開始逐一在市場上亮相，並有不少值得進一步發展和推廣的空間，因而又需要更大的舞台配合。

李文達掌舵李錦記至今，公司曾經歷過幾段高速成長期。1980年代，正是李錦記首度騰飛之時。粗略估計，以營業額為例，李錦記的全球營業額，自1980年代初至1990年代中期的增幅，高達十五倍。1980年代初，李錦記一年僅有數百萬美元的生意額；1994年時，營業額已跨過了一億美元門檻（嚴志堅、麥華嵩，2005：57）。跨過一億美元大關後，李文達當然並未停下腳步，而是時刻督陣，要求諸子和管理層維持擴張勢頭，保持企業活力。至於李錦記再度騰飛，則是在二十至二十一世紀之交，即李錦記的廣東新會分廠投入生產、醬料集團和健康產品集團都已經在內地站穩腳跟之後。

回到1980年代。李錦記的高速成長，還可以從很多側面的軼事看出。舉例來說，1980年代初，為了開拓更大市場，李惠民向全球最大、最重要的食品及飲料博覽會Anuga（General Food and Drink Trade Fair）(2) 申請展

1970 至 1980 年代的宣傳海報，以家庭和餐館為推廣對象，
強調李錦記既是「好幫手」又是「好朋友」。

出攤位時，因主辦單位不識小小的李錦記，竟不獲分派攤位參展。然而，也就在 1980 年代這十年間，據李惠民憶述，他因公務及參展需要頻繁出境的次數，竟達四百趟之多。這個驚人的出境紀錄，除了說明李錦記業務擴張之速，銳意開拓海外市場之進取，更點出其國際銷售網絡之廣，印證了「有華人的地方，就有李錦記」的宣傳口號，實在並非宣傳而已。當然，十年過去，李錦記也早已晉身成為 Anuga 的定期參展商。

李文達細心規劃田灣廠房，顯然是以為地方夠大，李錦記應該會在田灣待上好些年頭。李兆南也對田灣廠房的落成滿懷欣喜，廠房在大興土木的期間，就常迫不及待地讓人攙扶著去工地走走看看，視為祖業發展的基地。豈料兩年不到，田灣新廠的生產規模，就已不敷應用，落後需求。1983 年底，李文達不得不叫李文樂、李惠民再去覓地建廠。當時選項不多，1978 年才剛落成的香港首座工業邨——大埔工業邨，自然成為首選。

大埔工業邨的土地乃填海所得，面積七十五公頃，鄰近吐露港，背靠八仙嶺，距大埔新市鎮也不過一公里半，條件甚好。李惠中在訪問中提到，早在 1982 年初，李文達就已試著申請大埔工業邨的用地。其時，李惠民負責做可行性報告，耗了大量心力備好大批文件，遞案申請時卻被潑

父子同心、步調一致地參觀國際展覽會，探討如何提升李錦記產品達到世界最高水平。

了一頭冷水。

李惠民十分清晰地記得，負責工業邨項目審批的俗稱「邨長」（大埔工業邨主管），當時跟他說：「李先生，你們是做蠔油的，不是高新工業類別，不適合在這裡啊。」對此，李惠民深覺受辱，更心有不甘，卻沒奈何，只得回去繼續孤守田灣。案子後來出現轉圜，是緣於一個大歷史的變局，而李文達則目光銳利地作出了準確而乾脆的抉擇。

1997年前，香港作為英國殖民地，地理上可大分為三塊：一是香港島，二是九龍半島，三是新界，三者落入英國手中的方式都不同。香港島是第一次鴉片戰爭後，英國在1842年的《南京條約》中迫清廷割讓所得。九龍半島則是第二次鴉片戰爭後，英國再迫清廷於1860年的《北京條約》中割讓。至於佔了香港九成面積的新界，是晚至1898年，英國才藉由《展拓香港界址專條》向清廷租借，租期九十九年。

1970年代末，基於新界租期即將在1997年6月30日屆滿，英國政府不得不開始接觸中國政府，商議後續方案，遂有1979年3月港督麥理浩（Murray MacLehose）試探性質的中國之行。1982年9月24日，即李錦記申請大埔工業邨的同一年，英相戴卓爾夫人（Margaret Thatcher）

首度訪華，與鄧小平會談，尋求解決方法。英國方面原堅持「三項條約有效」，即香港島和九龍半島的主權問題不必與中方談判，談的只是延長新界和北九龍租約問題。不過，鄧小平強硬表示，主權問題沒有妥協空間。雙方毫無共識。(3)1983年7月，中英談判正式展開，首四輪的談判，因為英方提出的「主權換治權」建議，(4)遭中方峻拒，談判陷入僵局，並無絲毫進展（袁求實，1997；馬嶽，2010）。

香港社會上下，因無權參與中英談判，訊息不明、前途不清，本就焦躁，所以中英談判一旦隱現破裂跡象，香港就隨之陷入一段經濟動盪時期。1983年9月，即中英第四輪談判前後，港元就曾在一週內貶值兩成，由七點九港元兌一美元，急瀉至九點六港元兌一美元。與此同時，股市大跌、物價飛漲，市面出現了搶購糧食等情況。港英政府遂自10月15日起，緊急實施聯繫匯率制度，以七點八港元兌一美元的匯率跟美元掛鈎，才勉強穩住港元 （鄭宏泰、陸觀豪，2017）。

此後，英方讓步，同意撤出香港。為此，對香港前途並不看好的英資怡和洋行（Jardines），於1984年3月28日宣佈，將總公司由香港遷至百慕達。這個舉動，作為對香港未來沒有信心的最重要且最有力量的表態，引發市場巨

大震盪（鄭宏泰、黃紹倫，2006）。經過多輪談判，到了1984年9月，雙方終於就香港前途確定了方向，宣佈香港將於1997年7月1日回歸中國。

受這一消息的影響，那些對香港前途缺乏信心的一群，陸續籌劃移民，令香港社會湧現一股人才外流的暗湧，且有不斷加劇之勢。中國政府對香港「五十年不變」及「一國兩制」的承諾，哪怕給出「港人治港、高度自治」這前所未見的特殊權利，顯然還是無法穩住當時香港商界與中上菁英階層的人心。

也正是在這人心慌亂的1984年，李錦記的大埔工業邨用地申請，有了轉機。中英談判兩年，局勢陡變，大埔工業邨因投資者欠佳，乏人問津，陷入極大困境。許多原已準備遷入的大企業，甚至不惜放棄計劃，或觀望或遠走境外。這回反倒是工業邨的邨長將李惠民找回來，讓李錦記隨意挑選空置的地塊作為廠址。李文達毫不遲疑，並且「當仁不讓」地挑了工業邨位置最佳的一塊地皮，就在汀角路轉進大發街的入口處。據李惠中憶述，這方方正正的一塊地皮，原是一間國際馳名的藥廠選作設廠的基地，但因對香港未來欠缺信心而放棄，才騰了出來。

李惠民至今仍印象鮮明地記得當年購地的細節：

拔地而起，但尚未竣工的大埔廠房，別有一番氣象。

當時七十四塊錢一呎地。近汀角路，打樁可能便宜一些，因為那裡在填海前，就是陸地。再外面一點，可能就是填海地，樁打下去，還不知道怎麼樣呢。當時那塊地好像是十二萬呎，可以建三十三萬呎的樓。

人棄我取，結果選對了時勢，事過境遷後回顧，或許會贏得「決策精明」的讚譽。然而，回到1982至1984年間中英談判的歷史情境，李文達在人人觀望、出走他方之際，毅然投入李家所有的資源在大埔再蓋新廠，可謂李錦記的生死抉擇：一旦決策錯誤，李錦記恐怕沒有翻生機會。李文達的決定，不是出於純粹的愛國熱誠或盲目的樂觀情緒，而是一種能夠小中見大的務實判斷，但不少親友還是不以為然。這當中極有意見的一位，就是在李文達不惜以高價競購田灣地皮時，就已經很不認同的李文樂。這是李錦記二次分家的另一伏筆。

資金瀕斷與命懸一線

翻查1980年代初，香港報章的本地超市及商品廣告，當可確定李錦記在當時就已確立其「本地（香港）優質產品」的形象。不過1980年代李錦記騰飛，靠的主要仍非香港本土市場，更不是當時還沒什麼眉目的中國內地市場，而是依然有其傳統優勢的北美洲華僑華人市場，以及積極開

拓中的歐洲和東南亞市場。李文達在整個 1970 至 1980 年代，仍需頻繁地穿梭香港和三藩市、洛杉磯、芝加哥、紐約、波士頓等美國大城市，差別只在 1970 年代時，他大多單獨起行，再在當地借助地方人脈；而到了 1980 年代，留學美國的子女相繼自加州的大學畢業後，他的美國行程，就多了可信賴的能幹助手。

長子李惠民 1980 年甫自加州大學的戴維斯分校畢業，就收到李文達寄來的單程機票，將他召回香港。李文達說，當時缺人，沒辦法。李惠民的回憶是，返港後「什麼都要做」，大小事情都要「一腳踢」。至於美國當地，李文達也要有自己人幫忙照看，重任就交給 1982 年畢業於南加州大學馬歇爾商學院的李惠雄。李惠中在南加州大學修畢化學工程專業後，也是立即投身李錦記，隨父親處理美國業務，1986 年初回到香港，幫忙銷售，李文達給他的指示或安排，同樣是「什麼都要做」。其時中國內地改革開放不久，李惠中亦被父親調去開拓中國市場。

李惠雄大學畢業前夕，即在美國成家，是兄弟中最早結婚的一位。據李惠雄回憶，自己加入李錦記的歲月，是畢業之初，他那時已在當地找到工作，但父親突然來電，說美國方面有代理商積壓了數百萬美元貨款，導致周轉危機，要他幫忙催款，那時只好迅即披甲上陣。此外，李文達早

就想更直接地掌握美洲市場，於是在1983年成立李錦記（美國）有限公司，將首個辦事處設在洛杉磯，由李惠雄擔任董事。另一位協助開拓北美洲市場的大將，則是蔡昌道，(5) 他的職位是總經理，專責整個南、北美洲的醬料業務。

李文達還在洛杉磯市郊的蒙羅維亞（Monrovia）買了個貨倉，為建立自己的分銷網絡綢繆。李惠雄從此在美國市場縱橫近十年，至1991年才回到香港總部工作。期間他還協助父親創立過一個叫 House of Lee 的洋品牌，企圖另闢面向非華裔美國消費者的中式調味品市場，惜最終未能確立其高檔品牌形象，事實上是遭李錦記自家的系列產品打敗。

初出茅廬的李惠雄、李惠中，最早期經手的美國業務，說來並不光鮮，因為綜合他們的憶述，其實就如當個「收數佬」——幫公司向美國各大城市的大小代理們催收貨款。李文達的拿手絕招：讓代理商先拿貨、賣貨再付款的「先賣後付」策略，是以雙方的互信、誠信為基礎，對方一旦賴帳，或反過來利用這種便利周轉資金，李錦記的資金鏈就有斷裂風險。李文達事後說得輕鬆，但在1980年代他將公司資金不斷拿來再投資的奮進階段，稍有不慎，就必然構成巨大危機。情況不妙時，李文達只好派兒子親自上

門催款。1985年初，李文達終於避無可避地在美國碰上了大麻煩，致命之處是資金斷裂危在旦夕。

麻煩來自李錦記在美國的大代理商伍東海。(6) 李文達逐步擺脫金山庄後，一直想要在美國東、西兩岸，都建立起李錦記自己的銷售渠道，不再受制於人。但他畢竟不是「地頭蛇」，很難跳過各大城市的傳統代理商。然而棘手的是，這些華裔代理商大多要求當個「總代理」，即由一人壟斷東岸或者西岸的分銷網絡。李惠雄談到，這項網絡建構工作發展至1980年代，李錦記在美國東、西岸都各有了一位大代理商，生意則以東岸比西岸來得大。

1984年中，李文樂開始和親哥哥李文達鬧分家，令李文達深受困擾，內心應已甚是焦慮。緊接著的1985年初，這位美國大代理商伍東海跟李錦記拿了大批貨後，原應於九十天內還款，卻在拖過一百八十天後，依然沒有動靜，李文達為此憂心忡忡。於是，李文達帶著李惠中到紐約，親自探看情況，一看大驚：整整九十九個貨櫃的蠔油，都還堆在碼頭的倉庫裡，伍東海既不提貨去賣，也不付款。父子倆於是到伍東海的辦事處追問詳情。李惠中指出，伍東海要賴，找個藉口說當地生意難做，「李家若有興趣，就請自己來賣。」

為了實地察看其他代理的情況，父子倆隨後繼續美國的行程。李文達當時可謂內外交困、壓力深重，心頭想必焦躁。但他好吃，所到之處，照樣大吃大喝，享用當地物美價廉的龍蝦、鮑魚、魚翅等。結果，人在波士頓時，肚子就已吃出異樣。父子倆後來又飛芝加哥、三藩市，到了三藩市，李文達的肚子已經劇痛難忍，當晚曾在機場的醫院裡照過 X 光、吃過止痛藥，勉強壓下劇痛之後搭機。兩人的最後一站是洛杉磯，李文達打算去視察剛購入的那個市郊倉庫。

李文達病發時，洛杉磯分部總經理蔡昌道也在現場。他回憶道：

> 當天早上，李文達找我陪他父親(7)去吃早粥。行走間，我問李文達：「今天禮拜六，你的止痛藥夠不夠？」李說還有一兩粒。我說為免禮拜天找不著醫生，不如吃完早餐就帶你去覆診。吃完早餐，李文達已經很不舒服。帶他去看醫生，醫院裡人很多，情況緊急，我要求「打尖」(插隊)。醫生一按肚子，他就很痛。醫生也發現事態嚴重，馬上要他留醫開刀。李文達當時已經陷入半昏迷狀態……蔡美靈趕到時，手術已進行了五個小時。手術時間很長，結束後，我和蔡美靈還請這位肚子餓了很久的華裔醫生吃飯。

1981 年,李文達(右一)、蔡昌耀(左二)、蔡昌桓(右二)和
李惠民(左一)到巴黎參觀代理商友和行。

同樣人在現場的李惠中，則對父親如何吃壞肚子，有如下
印象深刻的憶述：

> 第二天，我和蔡先生兩人，(8) 就陪他去看醫生。當時爸
> 爸痛到臉都黑了，原來是他的腸穿孔了。於是立刻去做手
> 術。第一次手術之後，做了很多項檢查，檢查結果，竟然
> 發現有十一種蟲！因為他「為食」（饞嘴），所以什麼超級中
> 華蟲都中了……（1985年）3月又做了一次手術。

李文達就這樣在1985年初病倒美國，甚至一度命懸一
線。這無疑是他生命中的一場巨大危難，稍有延誤，或已
無法挽回。因為結腸炎，他在洛杉磯捱了兩刀，並要養病
長達四個月之久，前後在美國滯留了整整九個月。

腸子穿孔，似乎不僅是貪吃惹的禍，還有心理壓力對身體
健康的侵害。病中靜養，李文達在想些什麼？他的思緒，
是否又如1960年代有志難伸時「試睡」棺材那般，在回
顧反省自己的前半生？李文達不怎麼談到這段過去，不過
旁敲側擊，可以發現這回全然不同：他的「靜養」，看來
一點都不寧靜。他無法忍受在李錦記騰飛之際，放空自
己、放慢腳步，甚至受困於內憂與分裂。於是「靜養」中
的李文達，決定逐一將問題解決。

首先，是李文樂鬧分家的事。李文達藉女婿莫華釗一家之助，早已找定高漢釗律師樓作代表，正在準備法律攻防。其次，李錦記總部方面的業務，李文達和坐鎮香港的李惠民緊密聯繫，就在千里之外的洛杉磯作決策和指示，包括拍板決定香港方面寄來的蠔水樣品是否可用。至於紐約代理商積壓貨款的問題，李文達一方面交給蔡昌道、李惠中兩人統籌，設法解決，另一方面則釜底抽薪，索性繼洛杉磯分部後，安排於 1986 年設立紐約分部，自行發展。他把幹練的蔡昌道從西岸洛杉磯，調去東岸紐約坐鎮，開展在美國的全新佈局。

值得一書的事，還有李文達在美國養病期間，曾經有位低調的猶太富豪，對李文達、李惠雄自創的洋品牌 House of Lee 感興趣，想將它一手買下，或尋求和李家合作。李文達和諸子商議後，最終拒絕了這個或許能助 House of Lee 得以和李錦記並肩馳騁於國際市場的良機。箇中考量，據蔡昌道觀察，正是李文達一貫不願聽命於人，「要自己掌握公司的方向與運作」的鮮明風格。李錦記規模更大後，李文達也從不考慮讓李錦記上市，應該就是基於同樣的思路。

1985 年 10 月，蔡昌道和李惠中受命再赴紐約，去找伍東海商討，實質是「講數」（談判）。李惠中對這段經歷的憶

述是，伍東海要他倆別碰紐約地區的店舖網絡，兩人就去東岸的其他城市「逐個逐個探路，去看看李錦記蠔油是不是真的賣不出去？哪裡有我們的潛在客戶？」瞭解李錦記蠔油在美國東岸的實際銷售狀況後，兩人有了底氣，該年年底，就陸續從伍東海手中收回存貨，儲存起來，再自己發貨。不過這批貨物因為已經在碼頭的倉庫裡擱置太久，必須繳交為數甚鉅的存倉費，其代價甚至比貨品的價值還高，公司因此可謂吃了一次大虧。

李錦記的紐約分部草創初期，根本就沒辦公室，地址只登記在某個公寓單位。李惠中曾笑談當時與蔡昌道招聘秘書時的尷尬經歷：「有人來應聘，開門一看，咦？住宅啊？不是辦公室啊？請等等，讓我先回去問問我老公⋯⋯你想請什麼秘書啊？在公寓裡請秘書？（笑）所以我們是白手起家。」

與伍東海分道揚鑣，並把一大批存貨弄回來後，兩人需要貨倉安頓，又在市內的布魯克林區（Brooklyn），向猶太人買來一個貨倉。在貨倉內辦公時，李惠中憶述，常會看到車子開進來後，「員工在車頭搞來搞去，之後就少了些東西，今天少一把椅子，明天再少了點別的什麼。原來他們在偷東西！有些甚至你偷前面，我偷後面。紐約，白天是金融中心，夜晚是 totally different environment（另一

1981 年，李文達和李惠民在曼徹斯特參觀代理商榮業行。

個世界），四五點鐘就開始雞飛狗走⋯⋯。」無論如何，兩人最終不負使命，收拾殘局，助李文達完成了美東及美西兩地的銷售佈局。

內外交困中第二次分家

李文達在洛杉磯養病多月，康復之際，正巧長孫李學禮在加拿大多倫多誕生，給李文達「沖喜」。新生命的到來，既標誌著他已成為祖父，又說明李錦記已有了第五代傳人，在中國文化而言實乃大事一樁。為此，健康好轉後的李文達，雖已對香港的業務和家事心急如焚，仍然不顧舟車勞頓，亦要先去多倫多看望長孫，然後才返回香港，面對那場他極不情願面對的分家官司。

正如早前章節中提及，李兆南和陳彩琴共育有兩子六女，李文樂排行第四，和大哥李文達相差十幾歲。據李惠雄提及，李兆南重男輕女，女兒在李錦記都沒角色，而他對兩個兒子則疼愛有加，託付重任。1972年，李錦記第一次分家後，李文達掌舵，李文樂稍後也自恒生銀行離職回李錦記工作，李兆南則已退休不管事，李錦記基本上已經是兩兄弟共掌了。

李文達顯然很關愛這個弟弟，多番照料。1950年代初，

李文達在澳門經營達生皮具公司時，李文樂就住在達生的店舖裡。李文樂自澳門嶺南中學畢業後，入讀香港赤柱的聖士提反書院，也是李文達在照顧。書院畢業，李文樂在恒生銀行的首份工作，則是由蔡美靈引介。李文樂後來娶澳門顯記餅家老闆冼文儀的妹妹為妻，也是蔡美靈作媒撮合，因冼文儀的太太與蔡美靈是同學。1982年，李文樂確診鼻咽癌，李文達夫婦更積極幫他尋覓良醫，安排於養和醫院醫治，直至痊癒。李文樂熱愛他在李錦記的工作，李文達的孩子們至今眾口一詞，都很肯定小叔當年工作勤奮、事事關注，比任何李錦記的員工都要拚搏。如此看來，李文樂似乎沒有鬧分家的理由。

然而，李文樂畢竟還是於1984年李文達完全沒心理預期的情況下，主動提出了衝擊家族與企業發展的分家要求。分析箇中因由，主要應落在兩兄弟的價值觀念與性格上的根本分歧，而這兩點確非輕易可以化解調和。李文達夫婦至今對李文樂要求分家——尤其是要將李錦記清盤——的舉動感到心痛，不過如果從李文樂的視角看，他要求分家的動機，倒也不難理解。

李文樂的勤奮，有目共睹。但是，與李文達做生意時的勤奮相較，他的作風和為人卻又明顯不同。李美瑜提到，李文樂從黃竹坑廠房時代開始，就經常是最早上班、最晚下

班之人。然而，李惠民注意到，叔叔勤奮之餘，卻往往有講究細節、忽略大局的傾向。舉例來說，李錦記產品瓶瓶罐罐上的招紙，那年代是用人手而非機器黏貼的。黃竹坑廠房的夥計不多，吃飯時只有兩圍檯，而黏貼招紙的桌子，就擺在飯桌旁邊。「開飯了，夥計來吃飯，他自己不吃，就坐在旁邊桌子前黏貼招紙，搞到那班夥計也不好意思吃飯，只好跟過來幫手。」

李文達則剛好相反，愛看大局，愛講「大事」，只要認為大方向正確，有個六七成的把握在手，就敢冒險衝刺，細節稍後再說。李惠雄更一矢中的地挑明，叔叔和父親之所以鬧翻，主要是因為兩人的投資及營商風格迥異：一保守、一勇進。李文達極為進取，老是不斷再投資，充滿企業家的冒險冒進精神。李文樂在這點上則非常保守，譬如不喜歡向銀行借鉅額貸款來投資或建廠，一來風險大，二來算算長期積累下來的貸款利息，總覺得划不來。

李文樂的保守財務觀，自然讓他無法接受李文達以高價拍得田灣地皮，遑論在田灣新廠房啟用僅僅兩年之後，李文達就在香港前途尚晦暗不定之時再和大埔工業邨簽約，投資三千萬港元鉅額購地建廠。至於說到營商風格，李文達向來熱愛社交，廣交朋友，且出手豪爽大方，而那正是他營商有成的關鍵要素之一。不過，李錦記第一次分家時，

這一點就曾是李文達和堂兄弟們齟齬之處。蔡昌道提到，李文樂既對公司的財務支出謹慎計較，對李文達的豪爽花費顯然也有意見。

李文樂不惜與大哥鬧僵，也要堅持分家的心理轉變，還有一些內因和外因。如李惠民所述，內因即1982年確診的鼻咽癌。李文樂一度以為自己撐不過去，雖然後來治癒，難保不再復發。而他的四個孩子還小，(9)不比李文達一家的五位子女，皆已長大成人，且陸續自美國的大學畢業，加入李錦記。綜合蔡昌明、蔡昌道和李惠民、李美瑜的說法，李文樂的太太，對以上問題尤其焦慮，充滿不安全感，深恐李文樂一旦出事，她獨力難支。

李文達子女的加入，也讓李文樂自己依稀感到失落。李文樂一向都在幫李文達看公司的英文文件，1980年李惠民回香港後，李文達就交給兒子幫忙看了，「都不需要他了。」更糟的是外因的同時撞擊：李文樂確診鼻咽癌之日，正是中英為香港前途啟動談判之時。李文樂夫婦對香港回歸後的前景毫無信心，和許多同時代的香港人一樣，也萌生移民加拿大的念頭。於是趕在李文達將公司資源全砸入大埔購地建廠之前，盡快分家，換出一筆夫婦倆認為他們應得的鉅款，再遠走加拿大重新開始，就成了理性抉擇。

然而，李文達骨子裡，本就極度厭惡分家，一貫認為「家和」才是家族企業興旺的根本，何況1970年代初極不愉快的第一次分家經驗，他還歷歷在目。此外，事出突然，而李錦記正值迅速擴張之際，資金緊絀，此時分家，李文樂固然可以分到一筆錢，卻很可能毀了祖業李錦記。不過，最令李文達傷心的一點，恐怕還是李文樂聽從律師建議，以清盤作脅，讓自認對弟弟一向關愛的李文達，痛感親情背叛。

李錦記的第二次分家，由1984至1986年間，擾攘了近兩年時光。期間雙方都花了大錢，聘請名律師打官司，越鬧越僵，惡性循環，徹底壞了兩家人的情感。李惠民表示，事件令父親「受了很大打擊」，1985年更病倒美國，「當時主要精力都在為分家的事周旋，做不了什麼生意。」當時，年紀老邁的李兆南仍在世，此情此景讓他也很痛心，於是試圖說服李文樂放棄分家。

面對兩兄弟鬧分家的局面，身為父親的李兆南，據說曾噙淚相勸，李文樂無言以對，但還是堅持分家。這是曾展威有關李兆南的數十年記憶中，老先生第三次落淚的場景。頭一回也與分家有關，是李兆南勸二嫂（李兆登遺孀）放棄分家不成。第二回則是1976年，李兆南為躺在殯儀館內的愛妻陳彩琴插上鮮花。

這場分家官司的細節，事過境遷，已不重要。簡單的說，李文達一方由高漢釗律師樓代表，李文樂一方則是找了廖陳林律師事務所。兩方的律師陣容都很強大，李文達為了這場官司，更不惜砸重金請出三位御用大律師，由大名鼎鼎的施偉賢（Sir John J. Swaine）領軍；(10) 李文樂一方也毫不示弱，請出兩位御用大律師督陣。

李文樂在案中明示，1984 年他已經反對李錦記與大埔工業邨簽約，耗費三千萬購地建廠，認為公司財務上根本不堪負荷，惟公司照樣簽約，故他要求清盤，以免利益受損。(11) 兩方往後多次攻防，包括爭議公司的資產總值與查帳細節。李文樂就曾帶同會計，到田灣的辦公室看帳查帳，李文達父子每一回都刻意避開，僅由時任財務部的何奧生在場應付。據何奧生憶述，李文樂看完帳後，他就前往銅鑼灣的利舞臺再跟李文達匯報，讓李文達知悉李文樂的舉動。

這場分家的民事官司，最終在法官的勸解下，於 1986 年 4 月達致和解。李文樂勉強接受了四六分，(12) 而非他本來主張的對半分，而李文達願以高價回購李文樂的這四成股權，總額八千萬。高漢釗提到，李文達此時正因大埔建廠，面臨巨大的財務壓力，只能和 1972 年第一次分家時的財務安排一樣，選擇分期付款。李文達、李文樂兩家，

從此分道揚鑣。李文達父子艱辛守住李錦記，李文樂一家
則移民加拿大多倫多，多年後兩夫婦才回流香港定居。

1986年，李文達為籌集給李文樂的八千萬港幣鉅款，被
迫在香港移民潮湧現、房地產市道甚糟之際，賤價拋售他
手上持有的一堆優質物業，至今仍為此牽縈於心。他在訪
問時曾念叨地說：

> 到了1986年，我弟弟又說要分，給了他八千萬現金。我
> 賣了所有東西都不夠，皇后大道中的南慶大廈十幾層賣
> 了。(13) 黃竹坑31號，維他奶隔壁那個，也是很便宜賣了，
> 才賣一千一百萬。田灣那個，十七層，才賣四千六百萬。
> 1988年才建好的大埔廠房，當時建築費也沒錢給，是跟銀
> 行貸款的。

多年過去，李美瑜偶在中環遇到李文樂，還是會上前跟阿
叔打個招呼、聊上兩句，問候一下他的近況。某年，李文
達有位妹妹自多倫多返港，也希望兩人和好，曾安排李文
樂到李文達家中吃飯。李美瑜記得，李文樂當天有來：

> 表面上大家都沒什麼了。我記得阿叔跟我爸爸講到，公司
> 有今日，可能他不在那裡，公司的發展反而更好；要是他
> 在，可能反而阻礙公司的發展也不一定。我想他的意思是：

> 大家是兄弟，意見有分歧的時候，如果他硬是留在公司，
> 爸爸當時又要去內地辦廠，那時候大家都在移民啦，怎麼
> 會再砸錢進內地？

接連受分家折磨的李文達，對於胞弟不惜以祖業清盤作威
脅一事，或者難以釋懷，這是事業心和使命感強烈的直接
表現，無可厚非。面對那個局面，李文達能夠沉著應對，
不因怨憤心煩影響決定，而是看到轉變或者可帶來更大發
展空間，最終令他可以掌握大局，踏上另一階段的征途。

百年誌慶中展翅騰飛

李文達歷經北美市場積貨與資金可能斷裂的威脅，又因急
病命懸一線，胞弟鬧分家一事更困擾親人情感，但均能化
險為夷，挽狂瀾於既倒。1988年，李錦記的大埔廠房終
於落成時，李文達不僅背負著數千萬的銀行債務，公司更
是「負資產」，局面其實還很凶險，現金流一旦出問題，
就可能破產。不過，對領導風格強勢的李文達來說，好處
是李錦記再度「眾房歸一」。李文樂的出走，讓他依稀又
回到了1972年第一次分家時的局面：該怎麼走，就自己
帶著公司發號施令向前衝，再也沒人能影響他。

大埔廠房在1985年冬動土，1986年開始建廠，李兆南當

時已無法行走，只能坐在車上，到大埔看看建廠進度。可惜，他於1987年去世，沒來得及等到廠房竣工。李文達為緬懷先父，後來在大埔廠房的正門入口處，特別闢出一角，安置李兆南的漢白玉坐像。1995年，他再親題〈李兆南先生誌〉，將它刻在李兆南坐像旁的石碑上。

1988年恰是李錦記百周年，李文達於是特意選在1988年的8月8日，在李錦記的大埔廠房生產出第一樽蠔油。當年公司全部員工已達108人，相較於1960年代作坊歲月的十數人，也算小有成就。但李文達只是將大埔廠房視為李錦記的另一起點，他要藉這個基點，進一步邁向中國和世界。為此，李文達的子女提醒他，李錦記該適時進行現代化的制度改革，並更新形象。

李錦記當時的商標形象，源自李文達1960年代時的業餘設計，李文達自己也意識到，它已透著老氣。適逢百周年，李文達決定重新設計李錦記商標，由人在美國、市場學專業出身的李惠雄建議，在三藩市找了家叫S&O的設計公司專案設計。這家公司來頭不小，一向為美國大公司如聯合航空、花旗銀行等設計公司形象，所以要價不菲。據李惠民憶述，出乎兒子們意料的是，李文達竟同意花上二十多萬美元，只為一個簡單的李錦記商標設計，為這類無形資產花錢投資。至於這一醒目商標，即是現時深深鑴

1988年，大埔廠門前題為「基業永昌」的石碑落成儀式上，李文達和四個兒子的合影。

刻在所有李錦記產品上像「旭日初升照大橋」的圖案。其
實此商標的含意是顯示李錦記貫通中西飲食文化，把事業
由小造大的目標。

解決了分家官司後，李家得以重新專注本業。據時任財務
部的何奧生說，李文達對兒子們及管理層的苛求，是生意
每三年就要翻一番。這當然很不容易達成。何奧生還補充
說，李錦記才剛遷入大埔廠房，李文達就曾因為產品銷售
跟不上公司擴產的速度，頻繁召開「危機會議」，李文達
諸子都全程參與其中。

經歷過1970至1980年代李錦記在北美及隨後歐洲市場的
高速擴張後，李文達清楚意識到，李錦記如果還奢望維持
每三年就成長一倍的銷售業績，那就無論如何都要打進世
界上最具潛力的大市場——改革開放不久的中國內地。
至於怎麼入手，他還需要好好想想、小心摸索。

結語

無論是社會、企業或家族，其發展與前進過程，毫無疑問
地會碰到各種問題，遇到不少困難與挑戰。領導者若在困
難與挑戰面前被嚇倒，棄兵曳甲，或是判斷錯誤，則必然
令社會、企業或家族付上沉重代價——要不是發展無以為

1988 年在大埔工業邨落成的李錦記廠房。

繼，就是陷入險境，可見領導者的能耐、視野和決心，對
於組織的前進與命運，影響至關重要。

對香港及李錦記而言，1980年代無疑均極為關鍵，具里
程碑的意義。期間，危與機交替糾纏地出現，要迴避危
險、緊抓機遇往前邁進，著實不易，惟李文達卻能作出準
確且乾脆俐落的決定，令李錦記可以乘風破浪，屢展新
姿。當然，回首當年的舉動與決策，看似淡定輕鬆，但時
局紛亂與內外交困，那份內心的無助和忐忑，實非筆墨所
能形容，亦只有身歷其境、置身其中者才能夠體會。可以
這樣說，若非李文達具有過人的膽色與能耐，肯定早在大
風大浪中沒頂，不可能有日後的鵬程萬里，遑論今天回首
時能夠談笑風生。

1 蔡冠深是蔡繼有之子，1982年接替父親出任新華集團總裁，時年僅二十五歲。

2 Anuga 的德文全稱為 Allgemeine Nahrungs-und Genussmittel-Ausstellung，兩年一度在德國的科隆市舉辦。

3 鄧小平在提到主權問題時，強調「中國在這個問題上沒有迴旋餘地。坦率地講，主權問題不是一個可以討論的問題。」（鄧小平 1993：12）不過中方的態度，是收回香港主權後，可允許香港繼續擁有獨立的經濟、政治制度五十年，並由香港人自行管理，即所謂「港人治港、高度自治」。而同樣的這一整套政策，未來也將適用於澳門，甚至台灣。

4 即英國以承認中國擁有全香港的主權，換取英國繼續管治香港的權利。

5 蔡昌道是蔡美靈的弟弟，畢業於航空工程學校，1960 年代在香港機場工作。1968年 11 月移民夏威夷，在當地經營小商舖時，曾代理李錦記產品。1982 年，李文達將他邀入李錦記，翌年即安排他主管李錦記在美國洛杉磯的分部。1986 年，李文達再邀他轉到紐約分部擔任總經理，專責美東地區的市場開發。其洛杉磯分部的總經理職務，則由哥哥蔡昌明接任。

6 化名。

7 李兆南當時也在洛杉磯。

8 李惠中稱呼份屬舅父的蔡昌道為「先生」的情況，在李錦記很普遍，諸兄弟亦會稱呼父親李文達為「李先生」。作為一家跨國家族企業，員工眾多，並有不少家人親屬共事，所以企業採取了現代化的人事管理制度，公司上下的獎賞升遷，都只按業績表現決定。員工之間不帶親屬色彩的稱呼，應是制度化的一種反映。

9 李文樂夫婦育有兩子兩女。

10 施偉賢為中英混血兒，上海出生，畢業於香港大學及英國劍橋大學，1960 年成為香港執業大律師，1975 年獲委任為御用大律師（Queen's Counsel），擅長處理民事案件。施偉賢自法律界退休前，已是香港大律師名冊裡排名首位、年資最高的人。他於 2012 年逝世。

11 Affidavit Verifying Petition, 29 October 1985, Companies Winding Up (No. CWU302 of 1985), Supreme Court of Hong Kong.

12 Affirmation of Eddy Lee Wai Man, 7 April 1986, Companies Winding Up (No. CWU302 of 1985), Supreme Court of Hong Kong.

13 南慶大廈位於皇后大道中 194 號。

1992 年，李文達與廣州解放軍第一軍醫大學校長趙雲宏簽約，合組南方李錦記有限公司。

第七章

危機中
投資中國內地

趙校長就提出那些產品的名稱，我完全不懂，我覺得有前
途，不到六十分鐘就跟他握手，確定了和對方的合作意
向，就這樣開始，沒想到今天發展得這麼好。

——————————李文達

引言

近代中國前進道路的迂迴曲折，曾令多個世代無數人民顛
沛流離、蒙受苦難。離鄉別井、飄洋過海到外國謀生，是
其中不少人掙扎求存之道。據不正式的統計，單在英聯
邦國家，海外華人的數目已達一千五百萬之眾（王賡武，
2015：106）。(1) 儘管經歷了不少屈辱，流盡血汗，有人
甚至付出了生命的沉重代價，但闖蕩異邦的刻苦耐勞、專
心謀生與彼此扶助的精神，卻又奇蹟似地讓他們在商業經
濟的發展上取得一定成就，成為移居地經濟建設的一股重
要力量。

海外華人更加令世人驚奇的，是其心懷桑梓的情懷，不
但會將積蓄滙寄回鄉，供奉父母，養育妻兒，建設家國
（Hicks, 1993），更對家鄉山水的事物極為懷念，於是造
就一個對中國土特產貨物的龐大海外市場。李錦記蠔油恰
恰正是在這種背景中乘浪起航，成為海外華人每日三餐的
佐饍品，讓他們可在享用中餐中菜時品味鄉情。至於那種
根植心底的「衣錦還鄉」，在世界闖出名堂後不忘回饋故
里的文化基因，又促使了李文達返回家鄉祖國投資——
儘管「改革開放」初期，由於各種制度與法規尚未完全確
立，投資環境與氣氛尤其陰晴難定，稍有不慎隨時可能掉
進萬丈深淵，給家族和企業帶來致命危機。

初探內地新局以尋機遇

新中國成立初期，道路仍崎嶇不平。直到1978年，以鄧小平為首的中央領導，宣佈了具歷史里程碑意義的「改革開放」政策，令整個中國發展格局丕變。對於這個極為重大的形勢轉變，普羅民眾或者尚未察覺，但觸覺敏銳、且能小中見大的李文達，自然意識到一場巨大歷史變革的迅即來臨，感覺到改革會令國家發展煥然一新，同時亦會牽引出無限商機。他一方面對國家發展心懷盼望，另一方面亦時刻思考如何才可早作綢繆，令李錦記產品早著先鞭，打進中國內地。

從投資角度，他察覺到香港企業可以就近利用內地當時極為廉宜的土地、勞動力等生產要素，將香港的生產線移到那裡，或在當地投資設廠，降低生產成本、提高企業競爭力。而從市場角度，他顯然看到中國內地十多億人的潛在市場力量：別的不說，單論人口規模，只要每人年購買一樽蠔油或任何一件李錦記產品，其潛在銷量就足以令人充滿期待。

李文達當然絕非事事只講商業利益，他的中國情懷，既深也重。李文達出生成長於澳門，二戰時雖未直接經歷過戰火，仍是在1930至1940年代亂世中成長的一代，深受八

年抗戰期間中國民族主義的激情薰染。不過二戰結束後，
國共內戰緊接著也塵埃落定，身在澳、港兩地的李文達，
自此與中國內地有過一段近三十年的時空隔閡。一直到中
國文革落幕、鄧小平復出並確立改革開放的國策之前，李
文達基本上沒與內地方面——包括珠海南水和新會七堡這
兩處祖鄉——有過直接的聯繫、互動。他應是遲至1983
年，才首度回珠海南水探看；至於新會七堡，更是晚至
1990年才在當地幹部力邀下初次返鄉。

1978年的改革開放，對李文達來說，無疑是一道意義深
遠的時代分隔線。改革開放啟動後，整個1980年代，李
文達在美國和歐洲各地奔波之餘，一直不忘關注內地新局
的發展，並對內地市場謹慎地做了不少小規模的試探。
1980年代下半葉，當他對具體情況較有把握後，就開始
率領一眾子女推動在內地建廠生產。惟1989年的政治變
局，既令改革開放新局突然變得混沌不明，李錦記的內地
佈局也因此延緩數年，直到1992年春節鄧小平藉南巡倒
迫改革後，才加速奮進。

至於內地官方，早在1980年代初內部政局和緩後，地方
政協單位及僑務系統等，便開始嘗試接觸李文達。資料
顯示，珠海市政協開展「旅外鄉親聯誼物件和文史資料工
作摸底情況的普查」後，就發現了李文達與珠海南水的淵

源。1988年，珠海市政協希望提名李文達擔任委員，但被婉拒。文史資料委員會隨後專函李文達，請他提供李錦記創辦過程的資料，又無功而還。市政協領導層據說曾就此進行專門討論，思考如何爭取李文達信任。

討論會中，主管「三胞」(2)聯誼工作的副主席提到，蔡美靈是珠海北嶺人，與家鄉和僑務部門的聯繫較為緊密，或可藉蔡美靈接觸李文達。文史委員會於是先去查訪了蔡家在北嶺的資料，於《文史資料》上發表〈我所認識的蔡克庭先生〉一文。(3)幾個月後，蔡美靈即告知文史委員會，李文達已決定捐款在南水建立李兆南紀念小學。隨後珠海市博物館副館長兼政協委員梁振興，就親赴香港走訪李文達，參觀了李錦記的大埔總部，並到南水、七堡查訪，寫出兩篇史料。1991年，李文達即開始擔任珠海市的政協常委（司徒標、唐仕進，1995；雷戈，2012: 45）。

李文達對內地新局的摸底探索，其實並非晚至1980年代，而是開始得更早，1979年的長江之旅，就是一例。中國政府決定重開門戶後，1979年讓境外船舶溯長江直入華中一帶的首航，是由時任香港油麻地小輪船公司總經理的蔡昌明掌舵帶隊，而蔡昌明正是李文達妻舅，畢業自武昌海事學校。(4)李文達夫婦隨船溯江而上，想必不全是志在長江風光，而是要親眼看看內地實況，琢磨投資設

廠的可能性。

據蔡昌明憶述,船行至武漢時,李文達在當地的友誼商店貨架上,竟意外發現了李錦記蠔油,開懷大樂的他於是將店裡頭的蠔油存貨一掃而空,給近百位同行者都送上一樽李錦記蠔油。值得注意的是,這場肩負宣傳重任的首航,受中國官方高度重視,時任長江航運管理局副局長的顧永懷,一路陪著李文達一行人,參觀了長江三峽的葛洲壩,充當「導遊」,講解當時的社會狀況及沿岸的歷史陳蹟。

1980年代,創業精神充沛的李文達除了琢磨在內地投資設廠的地點,也多次嘗試讓李錦記小規模地進入當地市場,窺探市場反應,蒐集消費資料。這方面最早的嘗試,應是由澳門進入珠海邊境「小額貿易區」銷售的李錦記產品。小額貿易區內的商品,不必繳稅,否則依當時國策,進口貨品要抽稅七成,加上當年內地民眾的生活水平仍相對低落,產品根本不可能賣得動。而即便是透過小額貿易區免稅銷售,1980年代初期,僅李錦記的平價蠔油品牌──財神蠔油賣得不壞,其他品牌則很不理想。

1984年5月,由「澳門王」何賢、馬萬祺和佛山市政府合資的佛山旋宮酒店轟動開業,第十八層頂樓為廣東省第一家旋轉餐廳,可一覽佛山老城區,算是廣東省的頂級商務

場所。李文達於是讓曾展威向旋轉餐廳的負責人推銷，託他們將李錦記蠔油運進該旋轉餐廳裡賣。原以為李錦記在那裡可以賣得動，豈料「只賣了第一批，就沒第二批了。」

除了在珠海、佛山先試水溫，李文達也決定讓李錦記重返廣州。睽違三十多年，廣州當然已是景物、人事全非，李錦記要從頭做起。好在他得到蔡美靈的嶺南大學校友──當時任職於中山大學的施于申牽線，(5) 得以讓李錦記在廣州落腳。李文達一取得相關的營業牌照，就在廣州新港中路的影星賓館租了房間成立公司，開始嘗試在當地售賣蠔油。

相比 1940 年代，李錦記在廣州已無舖面，所謂售賣蠔油，只是去尋覓合適的批發商，希望藉對方的通路打入廣東市場而已。廣州辦公室後來移至花都區的華美大廈，更一度租用中山大學內的房舍辦公。李惠民指出，那時入口稅奇高，加上沒足夠的資金投入當地宣傳，而產品又不太契合內地市場的口味和消費習慣，李文達試水溫的初期戰役，可謂鎩羽而歸。

由封閉走向開放，由計劃經濟到引入市場機制，社會制度的條條框框實在不是一時能夠打破，消費習慣亦非一時三刻能夠改變，所以儘管李文達一心希望開拓那個潛力龐大

的市場，也在不同層面上作出嘗試，但在各種環境與條件的制約下，還是顯得事倍而功半，有時甚至覺得千頭萬緒，無從入手。初期的內地市場開拓無功而還，也就不難理解。

古典企業家理論告訴我們，創業與尋找新機遇的過程，其實一點都不容易，並非如一些文學小說所言能像魔術般變出來，一蹴而就，而是要經歷不斷摸索與重重磨練，最終才能有所突破。李文達日後能夠成功開拓中華大地的龐大市場，同樣也經歷了一段艱辛探索，並因他鍥而不捨、百折不撓，才迎來令人艷羨的發展成果。

福州與黃埔先後設廠

1970年代末初遊長江時看到李錦記蠔油的驚喜，珠海邊境「小額貿易區」李錦記產品的牛刀小試等，在在揭示中國內地的龐大市場，時刻縈繞在李文達心間。1980年代下半葉，李文達在逐漸擺脫第二次分家困擾的同時，經過連番嘗試與接觸，對內地市場的具體情況有了一定把握。此時，他雖因大埔建廠及需要支付分家鉅款而資金緊絀，手上現金不多，但還是開始思考如何大舉開展在內地投資的整體戰略佈局。

1992 年，李文達在廣州影星賓館租了房間成立公司，並豎起招牌，推廣產品。

從多次與李文達的訪談中，我們注意到，他當時的綢繆主要集中於兩大點：一是為確保原料供應穩定，二是為了建廠擴產。由於商業野心大、視野深廣，香港的大埔廠房雖然尚未竣工，李文達已經在思考設立新廠的地點，且不只一家，而是在不同地理區塊內的一系列新廠，背後更包括特定地區的生蠔與海產養殖。田灣廠房才落成沒幾年就不敷使用的窘況，應是其殷鑑。

眾所周知，香港自1950年代走上工業化道路後，大小工廠林立，經濟持續高速增長，因而造就了經濟起飛，成為「亞洲四小龍」一員。同時期，人口亦飛躍增長，對於房屋的需求自然同步增加，令地少人稠的問題變得日漸尖銳，結果是社會開始出現地價與租金高昂的問題，當然工資亦同步上揚。這樣的局面，相信讓目光深邃，且一直希望打造龐大醬料王國的李文達看到，李錦記未來設廠，只能往外走，不可能再在香港這個彈丸之地覓得廉價的工業土地。1991年啟用的美國洛杉磯廠房，以及1997年的馬來西亞吉隆坡廠房，就是兩例。然而，能夠兼具成本效益與地利之便者，唯有中國內地。

李文達看上的第一個設廠地點，是在福州。1980年代，李文達曾親自到那裡考察，見當地的優質生蠔及鮮蝦等海產供應充裕，對原料供應甚有信心。另一因素則是因為有

好友鄭亞清居中牽線。李文達憶述，他與香港格致書院的校長鄭亞清相熟，而鄭亞清則認識來自福州的陳敬淼。(6)陳敬淼當時是「香港華榕有限公司」副董事長，亦即福州市派駐香港的招商聯絡幹部，任務正是在香港招商引資，促進福州市的經濟發展與建設。

李文達、李惠民父子於1988年前後到福州考察時，就是陳敬淼親自帶的路。李文達很快就決定在當地設立海產公司，負責採購和養殖生蠔，並對原材料做少量加工。1990年代，他又在福州的馬尾高科技園區投資設廠。李惠民指出，福州廠正是李錦記在內地第一樽蠔油的產地，蠔油品牌則是平價的「財神」。

不過李文達心急，在福州馬尾建廠之前，就想方設法希望先開始生產。於是李錦記在福州一拿到生產牌照，就在馬尾先租了個廠房生產，與此同時在馬尾高科技園區建廠。當時的福州市市委書記是習近平，李錦記的福州建廠項目，就是他任內所批。(7)1995年，福州廠竣工，迅即投入生產，標誌著李錦記在中華大地上投資的一個新起點。

必須指出的是，雖然李文達為人善於交際，亦重視感情和人脈關係，但他在中國商場卻一貫保持低調，並刻意與政界保持距離，一直只維持地方政協委員的身份，就他所熟

悉的領域——如餐飲業、家族企業發展——向當局提供建言。他的子女們也受其影響，維持這種低調作風，也可說是李文達確立的家風。

李惠民補充說，李文達後來又在廣州黃埔及新會七堡等地覓地建廠（詳見下文討論），作更大規模的投資。而當黃埔廠及新會廠落成投產後，福州廠即轉型為原料廠，不再生產蠔油成品，改為集中處理蠔水和生產蘇梅醬的梅子。另外，該廠原來地處偏遠郊區，目前四周已樓宇林立，變得十分熱鬧，地價也水漲船高了。

李錦記在中國內地的第二家廠房，座落於廣州黃埔的經濟技術開發區內，建廠過程就較福州廠曲折許多。該廠的地塊，其實早在香港大埔廠房竣工的 1988 年，就已經洽談完成。李錦記決定買下開發區內約二十萬平方呎的地塊，而該地四面環路，位置甚好。不過案子談妥後，雙方定下的付款簽約日，恰是 1989 年 6 月 5 日，其時中國政治環境陡變，嚴重衝擊了香港和中國的投資氣氛。

由於事出突然、局勢未明，李文達和諸子當時對簽約確有遲疑，這也屬任何長遠投資必會思考的自然之事。李惠民回憶時指出，因手續已全都辦妥，難以毀約，他們最終決定如期前往簽約，實踐承諾。話雖如此，李文達還是認

時任福州市市委書記的習近平，與李文達、李惠民和李惠中
洽談推動福州廠房項目事宜。

為，需要多一點時間靜觀局勢變化，因而決定將開發區內
的那塊地先擱置，遲遲沒有動土建廠。

1989年夏至1992年春，因為政治事件的內部衝擊，令改
革派受挫，中國亦遭歐美多國孤立，改革開放的進程一度
停滯不前，甚至倒退。直到1992年春節，早已卸下所有
黨政軍職務的鄧小平，以一介普通共產黨員身份，藉考察
武昌、廣州、深圳、珠海、上海等地的「南巡之旅」，發
表一系列談話強調經濟建設的重要，硬是重啟了改革開
放，(8)情勢才再度發生變化。

1993年，廣州市經濟技術開發區通知李錦記，表示他們
所購入的開發區地段，因拖延日久已經逾期，尚未建廠，
管委會決定要收回土地。李錦記逾期沒有動工，確有違約
之嫌，如果管委會堅持收回土地，按合約可以沒收訂金。
李氏父子本身希望繼續投資，所以實在想保住那塊地皮，
只是當時前路未明、政局變幻，才窒礙了腳步。李惠民於
是趕去相關部門，試圖商議，卻不獲接見。

當時，李文達父子因為南方李錦記的合作案(詳見本文
另一節討論)，和廣州解放軍第一軍醫大學的校長趙雲
宏(9)已經甚為熟稔，所以便向趙雲宏提及此事，表達本
身一心想在廣州投資，只因時局變化而暫緩的苦衷，沒有

位於廣州黃埔的李錦記生產廠房鳥瞰圖。

毀約意圖。趙雲宏聽罷李惠民訴說，竟然主動伸出援手，給予幫助。李惠民回憶說：

> 他拿出毛筆、一個信封，信封裡有什麼我就不知道了，沒看到，只寫了四個字、又四個字，一共八個字，就寫完了，裝進信封。然後他把信封交給我，說：「你把這個交到廣州經濟技術開發區，希望他們會幫幫你。」我於是又去了黃埔開發區，將信交給他們，事情就解決了。

一如福州建廠時的情形般，李文達再度心急地於黃埔建廠前夕，就在隔壁的工業大廈裡租用空間，先設了個臨時工廠，生產蠔油和其他產品。幾經波折的廣州黃埔廠房，就這樣一直拖到了1998年，才終於整體完工。

相對於不少香港工業家在1980年代返回內地投資時，大多設廠於深圳和東莞等地，李文達雖然提及自己亦曾考察過這些地方，最終卻是先後落戶於福州和廣州，過程雖跌跌撞撞，但也算有驚無險。至於讓李錦記可以更耀眼地發展起來，迎向更好未來的，則是與第一軍醫大學的重大合作。而李錦記在本時期走過的歷程，則是折射了中國改革開放走過的同一條曲折路途。

由南方李錦記到無限極

直到1990年代初，李錦記的主業都是蠔油，蝦醬和其他調味品佔比不重，醬油（豉油）當時也還沒辦法自行生產。然而，李錦記集團發展到今天，已經可以大分為醬料集團和健康產品集團兩個部份，除了已經傳承上百年的醬料生意，還有1992年才在李文達果斷開創下，迅速壯大的「無限極」健康產品業務。

2009年前的無限極，本來喚作「南方李錦記」，其創立無疑是李文達「六六七七，就該出手」的永遠創業精神的典範案例（詳見第十章討論）。而由南方李錦記到無限極的發展道路，迭有波折起落，二十一世紀後更為突出的騰飛，則是在李惠森披甲上陣後南征北討完成。草創初期的南方李錦記得以熬過難關，確立整個發展版圖，實有賴李文達在關鍵時刻穩住方向的全力支持，當然還包括其他核心員工的全力配合與辛勞汗水。

李惠森是李文達五位子女當中，唯一沒在畢業後就立即被父親召回李錦記工作的。身為么子，他有餘裕憑自己在南加州大學主修的企業管理及財務專業，先在香港的花旗銀行工作了一年多時間。而加入李錦記後，李惠森也有較為不同的發展道路。首先，他打理公司財務，但因為他和父

親一樣享受創業，於是在集團的框架下搞過餐飲業，甚至涉獵地產投資。1991年，李惠森在父親支持下成立康麗都有限公司，經營以中式家常菜為主的連鎖餐廳「健一小廚」，走平價的屋邨、社區路線，五年之內，店面就已擴張至十二家（李惠森，2012：198-199）。除了健一小廚，李惠森還在1992年參與了另一重要業務，也就是南方李錦記。

回頭看，開創南方李錦記的生意頗有些偶然，小中見大的能耐又讓李文達抓準了時機。俗語說：「機會總會留給有準備的人」，李文達顯然一直都在中華大地尋找機會，早有準備，所以能在機會冒現時緊緊抓著，就算遇到困難阻滯亦不放手。到底南方李錦記的發展機會是怎樣出現的？這就要從李惠森的聖若瑟小學同學潘光宇說起。

綜合李文達、李惠民和李惠森等人的憶述，潘光宇的母親當年與廣州的解放軍第一軍醫大學（軍醫大）有合作與生意往來，(10) 主要業務是在香港引介或安排病人到軍醫大經營的「惠僑樓」看病檢查。這與內地當時的醫療服務相對廉宜，並在某層面上擁有獨特技術有關。

這所「惠僑樓」，顧名思義，以服務台港澳及海外華人為主，是軍醫大於改革開放時代「創滙增收」（賺取外滙、

一生愛吃的李文達（左二），除了曾參與經營沙田畫舫，
日後還和兒子李惠森（右一）經營健一小廚，創業精神充沛。

增加收入）的「對外開放」醫院，由此也可一窺時任校長
的趙雲宏，其實並非一般醫生或大學領導，而是個深具企
業家精神的人物。潘太太有一回和李文達聊起這事，就問
李文達是否有興趣和軍醫大合作？李文達敏銳地看到背後
的巨大商機，於是爽快說好，要求立即安排會面。

1992年8月8日，李文達父子一行到廣州拜訪趙雲宏。
初次見面，趙雲宏也很明快，就提到軍醫大有一項複合多
糖的研究成果，作為保健品，臨床上極有成效，想試試市
場上賣不賣得動。李文達聽得專注，也早就思考過中草藥
保健品的生意，但他坦承自己對這些化學、藥學詞彙，一
竅不通。他說：「趙校長就提出那些產品的名稱，我完全
不懂，我覺得有前途，不到六十分鐘就跟他握手，確定了
和對方的合作意向，就這樣開始，沒想到今天發展得這麼
好。」

李惠民後來也坦白承認：「自己也是一頭霧水，什麼複合
多糖……我也不知道。後來談得不錯，我記得是在一輛
車裡握手的，決定大家合作，軍醫大佔四成五股權，李錦
記五成五。」軍醫大雖然佔了四成五股權，卻不必出資，
而是以產品技術和校園內建築工廠的土地入股。李惠民補
充說：「後來軍醫大校園內的某間宿舍，也曾騰出來給南
方李錦記用作臨時辦公室。」

李文達率四子在廣州與曾任廣東省長的葉選平（右四）和曾任廣州第一軍醫大學校長的
趙雲宏（中）等合照，大家對於能夠攜手合作展示會心微笑。

從李文達在1990年代初的不少鋪排可以看出，他並不真
的像自己所說的那樣，因為一個偶然機緣，就跟著趙雲宏
踏入中草藥保健品這個行業。他顯然早就有開創該領域業
務的盤算和大方向，且是個展望至少數十年的長遠方向。
現任李錦記健康產品集團高級副總裁的楊國晉就曾提到，
1994年，李錦記將他由葛蘭素這個英資西藥廠的總經理
高位，挖角到李錦記負責中草藥業務時，李文達曾經跟他
分享過，李錦記雖無該領域的業務基礎，卻願意耗上百年
深耕的雄心。李文達當時就已深刻領悟到，中草藥的養生
之道及中華養生文化，其實在物質富裕、民眾更加注重健
康與環保的情況下，具有無限商機，但相關的市場卻仍未
開發。

1992年，專營中草藥保健品的「廣東南方李錦記營養保
健品有限公司」（簡稱南方李錦記）宣告成立。公司首先要
建廠量產，才有產品做生意，李文達於是交李惠民負責建
廠、李惠森接手銷售。南方李錦記的工廠，其實就設在軍
醫大校園裡，李惠民為此經常出入軍醫大。1994年工廠
建竣，開始生產，但產品開賣當年，卻銷售奇差。李惠民
回憶時指出，他那時注意到「做廣告就賣出一些，不做廣
告就賣不出去。」因為營業額不佳，有段時間他們只好先
讓廠裡的工人回家等電話。

困局當前，身為前線統帥的李惠森自然大為頭痛，時刻苦思，終於想明白：因為健康產品不同於一般商品，很難在服用後即時或短期內見效，必須依靠人與人之間的互動推銷，逐步建立口碑，不能像一般商品般只靠大賣廣告便可以打開局面。因此，李惠森返回廣州建立了直銷體系，終於打開銷路，由於找對了方法，產品銷量乃大增，有了突飛猛進的發展。

回歸新會七堡

1995年時，李文達雖已六十六歲，但仍身強體健、雄心萬丈，企業家那種永遠創業的精神依舊旺盛，並在當年做了一個相信是他畢生最勇敢的決定——那就是回到新會七堡的祖鄉，大規模投資設廠。這項重大決定，不僅深刻影響了李錦記日後的發展格局，更牽動了包括無限極在內的多家子公司或分公司的前進軌跡，從中更可看到李文達濃烈的鄉梓情懷。

1990年代，李文達在福州馬尾和廣州黃埔的投資舉動，遠非他打造李錦記醬料王國的終點。事實上，自1970年代末再踏國土，李文達顯然已一直在思考和尋覓，如何在中華大地上興建一個規模更大、更穩定的生產基地，因為他心目中的李錦記醬料王國的大藍圖，不只是蠔油蝦醬，

還有應用更廣、市場更大的醬油，而醬油生產所需的廠房面積與設備投入，遠比蠔油和其他調味品都要來得大，同時也有日照、水質等更多的生產條件要兼顧。

李文達回憶指，1990年代，李錦記還未搞定醬油，令他時刻難以忘懷。為此，他曾組織了一個專案小組學做醬油，並在上水古洞買下某個傳統醬園做研發場地（詳見下一章的深入討論）。儘管如此，李文達顯然不會留待學會生產醬油的那一刻，才尋覓新廠廠址。

這個大廠應該擺在哪裡？李文達父子在珠江三角洲一帶尋尋覓覓一年多，走遍了中山、佛山、惠州、珠海南水、深圳平湖、廣州從化、東莞等地，還是難作決定。綜合李文達和李惠民的分析，各地有各地的限制，譬如深圳平湖，地方政府雖願意撥出整整一千萬平方呎的土地，但水源不足。珠海南水開出的條件，相對最好，除了四百畝地，地方政府還可以劃出一處擁有優質海水的灘面，專供李錦記養蠔。不過，已經談得七七八八的南水投資案，最終卻未能成事，因珠海市委書記梁廣大要求資金一次到位，而李文達則希望分三次支付。

李文達最終選擇新會七堡，除了當地開出的優渥條件，顯然還有鄉情的重要作用。不過如本書第一章所述，1990

生產線上的李錦記蠔油，工人在檢視品質。

年 10 月李文達頭一回返鄉時，並未被當地幹部說服。七堡上下，當晚無疑十分熱情，積極得甚至讓他有些消受不了。李文達很感動，但「七道橫水渡」的交通障礙，仍然無法跨越。可是，到了 1992 年 12 月，黃克競在當地捐建的黃克競大橋正式通車，解決了七堡對外交通的部份難題。為此，七堡上下重燃希望，那幾年裡，地方幹部常藉著春節拜年的名義，到香港拜訪李文達，讓他瞭解當地又有了哪些新進展，對李錦記遊說招商。

除了橋，還有地。黃克競大橋落成的 1992 年底時，鄧小平已先在年初完成南巡，招商政策重新鬆動。時任七堡鎮副鎮長李國立憶述，(11) 七堡鎮的幹部「不如珠海那邊熟悉法規」，反而夠膽撥地，一口氣就答應給李錦記撥出二百畝地。

豈料，李文達竟嫌二百畝地太少，要五百畝，因為他想要的不是一個小廠，而是其醬料王國的長遠生產基地。這令李國立感到很為難，七堡鎮幹部的行政級別太低，無法批出面積過大的廠地，何況其上司也可能懷疑，一家醬料廠為什麼要這麼大塊地？是否打算圈地圖利？

李文達一開口就要至少五百畝地的氣魄，莫說七堡鎮幹部，連他自家的子女，都不免懷疑其判斷。李文達後來還

不斷地在新會七堡拿地擴廠，李美瑜說，當時她心底就曾暗想：「公司會不會做到倒閉啊？但是我爸爸好像從來沒這麼想過。」李文達在接受訪問時也坦白承認，自己當時確有一些冒險，但他慶幸仍主導公司，所以能一言九鼎，「說做什麼就做。新會很大一塊地，我說買就買了，而當時根本還不懂生產醬油，2000 年才行。」

針對李文達要求增加撥地，一心盼望引資振興經濟的七堡鎮幹部，透過一些行政細節上的操作，在上級領導也希望促成此投資案的有利情勢下，最終得以解決。(12) 話雖如此，1995 年廠區動工之初，七堡鎮幹部眼見李錦記只在廠區角落裡建了一座小廠，還留著一大片空地，不免忐忑，偶爾也會來催促建廠。李惠民談到，為了避免招人話柄，引來不必要的麻煩，李文達還特意先在廠區的兩端建設，留空中央地段，以免一再遭人懷疑霸地。

1995 年 3 月，七堡建廠的龐大工程啟動。翌年 4 月，團隊就迅速完成了首期工程，開始初期的生產。不過草創初期的新會分廠，十分簡陋，開荒的日子可謂十分艱辛。負責醬油生產的楊潔明就曾憶述，1996 年 11 月初抵新會廠區時，部份廠房還在打樁建設：

> 當時這裡只有兩百畝，也沒有宿舍，蘆葦長到胳肢窩高。

公路前頭只有一棟小樓，是派出所，負責看著橋的。最初
六七個人，只有我一個女的。這裡入夜之後，整條路黑蒙
蒙，完全沒燈。七堡橋一年只開一晚燈，就是年初一晚。
因為廠區空曠，只要一打雷，不管擊中哪裡，就都會徹底
停電。交通也十分不方便。

經過數年的艱辛開拓，2000年，李文達終於取得技術突
破，搞定了醬油生產。集團於是進一步擴大了七堡廠區
的總面積，廠區在五年之內，就由原來的百多畝擴充至
一千七百畝，今天更已高達二千畝，可見其擴展之速。

結語

走過曲折歷程的中國，自1980年代推行改革開放政策
後，終於迎來了和平發展與民族復興的契機。已在海外華
人社區建立穩固銷售網絡的李文達，顯然也目光銳利地看
到了中國龐大的市場潛力，因而在深入思慮後，決定盡全
力開拓中國內地的市場，大舉投資。這個支持改革開放政
策、回國投資的過程，雖迭經風浪，卻建設了家鄉，也推
動國家的經濟發展，更成就了個人、企業和家族的事業，
實在相得益彰。

今天，李錦記新會七堡廠區內一排排巨型的醬油缸群，不

但可供醬油原料以天然晾曬的方式慢慢發酵，更成了七堡的地標，備受鄉民重視。對李錦記而言，七堡廠區已是最大的生產基地，尤其是醬油相關產品。而對七堡當地來說，李錦記醬料集團和李錦記健康產品集團是其最大企業、最大僱主、最大繳稅戶，可謂衣食父母，兩者已經無法切割。李文達曾一再地對子女強調：「選了七堡，家族後人才會繼續回來七堡。」這背後傳達的訊息，明顯不只是發展業務、打拼事業，還有濃得化不開的故土鄉情。

位於新會的李錦記生產廠房鳥瞰圖。

1　有關海外華人數目的統計，說法很多，粗略估計在三千萬至近九千萬（莊國土，2009）。較系統亦較有權威的統計指出，截至 2011 年，全世界共有海外華人四千零三十萬人，分佈在一百四十八個國家，幾近一半集中在東南亞地區（Poston and Wong, 2016: 362）。

2　即港澳同胞、台灣同胞、海外僑胞。

3　此文由溫鼎銘撰述，1990 年 12 月再刊於《珠海文史》第 9 輯。同輯內的文章，還有梁振興撰述的〈李錦裳與「李錦記蠔油」〉一文（溫鼎銘，1990；梁振興，1990）。

4　蔡昌明後來也被李文達延攬，1986 年接替弟弟蔡昌道在李錦記洛杉磯分部的總經理職務，負責美國市場，直至退休。蔡昌道則是於同年被李文達調去紐約，擔任新設的紐約分部總經理。

5　施于申於 1980 年代時，曾擔任嶺南大學廣州校友會的秘書長。

6　陳敬森在 1985 年以香港華榕有限公司副董事長的身份派駐香港，1992 年調回內地。他出身教師，曾在福州第三中學執教過，派駐香港前，已官至福州市副市長。

7　習近平是於 1990 至 1996 年間，擔任福州市市委書記。

8　南巡行程由 1 月 18 日持續至 2 月 21 日，而該年春節的大年初一，則是 2 月 4 日。

9　趙雲宏，1922 年 8 月生於江蘇南通市，1939 年參加新四軍，抗戰時期曾先後擔任過軍醫、衛生隊長、後方醫院院長、縱隊衛生部長等職。1975 年出任第一軍醫大學校長，在位十數年，少將銜退休，逝於 2002 年 11 月 9 日（《南方日報》，2002 年 11 月 19 日）。

10　解放軍第一軍醫大學於 2004 年 8 月由軍方移交廣東省，易名「南方醫科大學」。

11　李國立曾任新會七堡鎮的副鎮長、鎮長、鎮委書記，退休後加入李錦記擔任外事總監，現為外事顧問。

12　綜合何羨松、李植濃、李九如、李全勝、李柏漢等人的訪問內容。何羨松曾任新會市市長、市委書記，現已退休。李植濃曾任七堡鎮副鎮長、鎮長，現任新會區交通局局長。李九如曾任七堡鎮僑辦主任、會城鎮僑聯副主席，現已退休。李全勝曾任會城鎮鎮長、鎮委書記，現已退休。李柏漢曾任七堡鎮涌瀝村第三生產隊隊長、涌瀝村村長，現任潭涌管理區主任。

2008 年，李文達獲美國百森商學院授予「傑出企業家學院獎」，
揭示一生努力取得的成就，得到了世界頂尖學府的認同。

第八章

危機中
走向世界

如果邊位同事，冇信心繼續做落去嘅，可以依家起身，行
出去……我對公司有絕對嘅信心，睇好前景，也會給予絕
對支持。我哋一定會克服困難，得到更好嘅發展。

——————————李文達

引言

李文達在思考公司的發展策略時，不會只有一點、一線、一面，而是小中見大，從多個角度、多種類型入手。前一章中提及，1980年代中，當他在解決家族內部危機之後，大張旗鼓發展香港李錦記事業時，已四出在中國內地尋找新商機，成熟的立即付諸行動，未成熟的繼續談，基本上是多條戰線同時進行，日夜兼程，熱切開拓更大的事業。

到了1990年代，當中國內地的投資和市場有了進一步發展後，他明顯又察覺到全球化浪潮的銳不可擋，於是調整了只是聚焦海外華人市場的目標，改為致力將李錦記打造成全球性品牌，與其他世界級醬料品牌分庭抗禮。這一連串的舉動和努力，既讓李錦記由香港回歸中國，又同時走向世界，甚至登上了太空，成為一時佳話。

搞定醬油一償夙願

李錦記的廣東新會分廠於1995年動工之際，李文達其實
尚未掌握生產醬油的竅門，仍在摸索前進。然而，新會廠
區功能規劃的重心，恰恰是生產醬油及相關產品。搞定醬
油，開拓更大的醬料市場，無疑是李文達數十年來的一個
巨大心願。

1972年掌舵李錦記後，李文達就清楚意識到除了蠔油，
公司還應該生產其他調味品。單一產品雖有其專門化的優
點，令營運管理更見效率，但李錦記的蠔油質量早已是業
內翹楚，市場佔有率也是競爭對手望塵莫及。如果繼續只
做蠔油，李錦記難以突破，亦不利企業壯大。何況經營環
境或市場口味一旦改變，獨沽一味的產品很容易遭到市場
淘汰，這樣會給公司帶來嚴重問題。

醬油在各類中式調味品中，銷量其實最大，好強也深具生
意觸覺的李文達，當然不可能眼睜睜放過這個龐大市場。
此外，李錦記生產的很多醬料，都需要用到醬油，而生產
醬油剩下的豆渣，還可以拿來做副產品。所以，即便從降
低成本的角度思考，李錦記也必須生產醬油。

然而，回顧李文達搞定醬油的歷程，其實十分曲折，也

曾交過不少「學費」，若非他鍥而不捨，實在很難想像能
夠再攀事業高峰。李文達開始嘗試進軍醬油市場，應是
在1980年代。當時的主要做法，是由其他廠商供應醬油
成品，再以李錦記名義重新包裝出售。不過某次外銷美洲
時，李錦記曾因品質問題，損失過三十多個貨櫃的醬油。

李文達回憶說：「人家說壞了，打開來看，確實變質了，
只好都賠給人家。」此事一直令李文達耿耿於懷。他心痛
的除了是當時公司剛騰飛，發展步伐急速，加上買地建廠
及與弟弟鬧分家等事，已令資金緊絀；而醬油的損失，不
免再對公司財務構成負擔。但更令他心痛的，是李錦記的
金漆招牌因此事而蒙污。李文達雖與具信譽的醬油生產商
合作，惟生產和儲存過程，終究無法自己把握，結果出了
紕漏，令一向視品質如生命的李文達，痛下自行生產醬油
的決心。

李文達搞定醬油的過程，既考驗他用人識人之明，也再次
印證他對品質的嚴苛追求。想要搞定醬油，首先就要找對
值得信賴的專業能手，而華南理工大學的袁振遠教授，以
及由他推薦的楊潔明，無疑是當中最關鍵的兩位。

李文達向來善用其人際網絡。蔡美靈的嶺南大學人脈，在
此助力甚大，李文達即是藉此網絡，認識袁振遠教授這位

嶺南校友。袁振遠乃內地調味品行業的知名人物，熟悉整個行業，文化大革命時屢遭迫害，被當成「臭老九」（當時對知識分子的貶稱），下放到某醬油廠裡當過幾年基層員工，故對該行業由最基礎至終端的一系列工序都很清楚，也掌握業界人脈。李文達託袁振遠找人，袁振遠就推薦了同樣熟行的業內人士楊潔明。

1993年，楊潔明應李文達之邀，開始以顧問身份協助他設計醬油廠房。楊潔明當時仍在某研究所任職，只能從旁協助，但李文達和他的幾位兒子卻都慎重地分別和她聊過，「為人很細緻，從不同的角度來瞭解我。」楊潔明後來找了華南理工大學某位專攻機械的教授和另一位食品學院講師組隊，共同規劃建廠方案，包括設計、預算等等，做了三年，至1996年才獲李錦記告知，公司已經選在廣東新會設廠。也就在這一年，楊潔明正式加入李錦記，成為新會生產基地的重要技術人員，目前更已是醬料集團的首席工藝師。

楊潔明注意到李錦記對新廠區的籌備工作，非常細緻到位，對各方案都會鉅細無遺地審視，務求做到最好。這種精神，也反映在李文達研製醬油的過程上。新會建廠前，李文達就先在香港上水的古洞，買下一家本土的小醬料廠「聚隆醬園」，並將袁振遠大老遠請去那裡住了幾個月，

利用此僻靜醬園的簡陋房舍及曬場，讓他領著李錦記的小組成員做醬油。醬園內當時沒有專業設備，只用一個灶頭、一口大鑊來煮豆，煮完攤涼，涼了之後入麴房，再讓它們於發酵池中發酵。總之，先採用最地道的嶺南古法嘗試生產醬油，看看是否真的可行。

除了實驗生產流程，小組成員在古洞，更要學會如何做菌種及保養菌種，以維持醬油品質的穩定。李文達跟楊潔明坦白自己早年搞砸過醬油的教訓，強調「不想做差的，一定要做好自己的醬油」。身兼新會及黃埔兩廠廠長的莫國棟，當年初出茅廬，正是古洞小組成員。他也留意到李家上下在研製醬油的過程中，一貫重視品質，為此不惜耗時耗錢。[1]

在古洞的試驗成功後，李文達就將醬油的製程，全套搬到新會廠，並為慎重起見，先做小規模的生產測試，以僅僅兩千噸起步。楊潔明至今清楚記得，他們當時只是訂做了三十八個三十立方的發酵缸，之後改用六十立方，現在則已是逐漸轉用一百二十立方，可見生產規模日漸龐大。發酵缸的材質也很講究，新會廠使用的玻璃鋼缸，廣東一帶之前並沒廠家使用過。不鏽鋼品質雖最佳，卻很昂貴，楊潔明與華南理工大學的專家商量後，建議採用介乎碳鋼與不鏽鋼之間的玻璃鋼。[2]

曾經闢作醬油研發基地的上水古洞「聚隆醬園」，簡陋的外觀，卻成為大創舉的試驗場。

李文達、李惠中同意後，他們再到全中國去考察，尋覓最好的玻璃鋼廠家，並要確定其材質符合食品級的安全標準。李文達在楊潔明研究、解決技術問題時，一路都很關注，雖不瞭解技術細節，卻很願意支持她大膽嘗試。而更重要的一點，是採購相關設備時，「我們都會就每樣設備列出各種選項，什麼檔次、多少錢，給李先生選。他總是選最好的。」

李錦記醬油生產上更大的躍進，是它在 2013 年 11 月向日本的藤原釀造機械株式會社（Fujiwara Techno-Art）購入「連續蒸煮及圓盤製麴」的設備專利，再經過近兩年的共同研發、改進與建造，於 2015 年 10 月正式啟用。這套世界最先進的醬油生產系統的一大特點，是它既能用來生產以原粒黃豆發酵製作的廣式醬油，還可生產以豆粕為原料的日式醬油。此外，該設備可大幅提升醬油產能及其品質的穩定性，洗豆、泡豆、預熱、連續蒸煮、拌粉、接種、進料、出麴、清洗、消毒等過程皆自動進行，可年產十八萬噸醬油。而有了這套設備，新會廠的醬油年總產量，更可以高達五十萬噸。

李錦記購置這套設備，既了卻李文達的多年心願，也是李家與藤原家近二十年深厚交情的一個註腳。李錦記 1998 年開始在新會廠小規模生產醬油後，藤原公司的老社長藤

與李文達相知相識的藤原釀造機械株式會社社長藤原章夫，到訪李錦記時一起拍攝。

原章夫聽說此事，就和太太聯袂前來，向李文達推介這套設備。不過新會廠當時僅年產兩千噸醬油，還不值得耗巨資添購這套設備，藤原章夫也就沒談成這筆交易。然而李文達對此一直念念不忘，兩家也持續保持聯繫。

2013年時機成熟時，李文達拍板決定購入設備。然而，此時藤原章夫已逝世，由藤原家的第三代傳人──藤原章夫長女藤原惠子，代表公司簽約，而藤原章夫的遺孀藤原貞子，則是捧著先夫遺照參加簽約儀式。一如李家與日本大榮株式會社陳家之間的數代交情（詳見第十章討論），李文達的孩子們，如今也和藤原家的新一代建立深厚情誼，延續李文達在商場內外，都極重視人情的敦厚家風。

因為不甘獨沽一味，尤其想到更大的發展空間，李文達立志高遠地追求自行生產醬油的目標，打造更為強大的李錦記醬料王國。期間，他既經歷了因購入醬油成品包裝出售，卻因品質不好而交了不少「學費」的教訓，又在摸索自行生產的過程中花了很大心血，最後還是因為鍥而不捨、堅持下去而實現夙願，再創輝煌。

1998年危機的化險為夷

進入1990年代，李文達雖然在不同層面均取得重大突

2013 年，李文達拍板購入藤原釀造機械設備，投入新會生產廠。
由於那時藤原章夫已逝，其遺孀和女兒拿著藤原章夫遺照出席簽約儀式，
場面感人，李惠中代表李文達向藤原章夫太太送上謝忱。

破，碩果豐盛，但企業前進的路程仍難免時晴時雨，原因
既有政治、經濟與社會外部環境的影響，亦有家族與企業
內部關係的變化，若處理偶有不慎，必然會給家族和企業
帶來不能彌補的災難。到了1998年，李文達和李錦記便
面對著一場來勢洶洶的危機，問題主要來自三個層面：其
一是李錦記集團的整體財務出現問題，其二是南方李錦記
的存積沉重，其三則是李惠森希望「自立門戶」。從李文
達一貫「家族高於企業」的思維出發，李惠森希望獨闖江
湖的念頭，恐怕才是讓李文達最憂心的危機。

先說李錦記集團的整體財務問題。1990年起，李錦記開
始思考業務多元化的策略，尤其是綢繆如何配合全球化浪
潮，讓其發展成全球性的品牌 。1991年，李惠森的健一
小廚率先取得佳績後，集團於1992年成立李錦記地產有
限公司，再次涉獵當年曾讓李文達神往的地產業務。兩年
後的1994年，李惠中還牽頭成立了LKK運輸有限公司，
拓展中港兩地的運輸業務。

到了1995年，又有偉偉（香港）包裝有限公司的成立，專
門生產優質金屬瓶蓋，配合李錦記醬油業務的不斷發展。
然後再有1996年的關懷國際（香港）有限公司，主力在於
銷售健康及個人護理產品——物質富裕時代一個全新且潛
力無限的市場。同樣在1996年，李錦記還選擇與香港科

技大學合作，成立了「香港傳統中藥研究中心」，大有推動傳統中藥走向現代化的意願。

豈料 1997 至 1998 年間，亞洲金融風暴來襲，公司猝不及防，並因多元化業務的進支和擴張，令融資成本大增，流動資金出現問題。據李惠中憶述，李錦記的地產投資，尤其在樓市暴跌時受到衝擊。時任集團財務的何奧生與1990 年代已由美國返港參與業務的李惠雄提及，面對這項挑戰，李文達和管理層商議後，毅然決定重新專注本業，穩打穩紮，將非核心業務逐一結束，當中包括由李惠森一手創辦，當時持續盈利的健一小廚。剝除一眾非核心業務後，李錦記集團的整體財務狀況即恢復穩健，所以問題不大。

相對而言，南方李錦記的存積沉重，則可謂十分棘手。李文達因為不太瞭解保健品，向來較少插手南方李錦記的業務，基本上交李惠森打理。南方李錦記由零售轉為直銷後，本來生意已上軌道，欣欣向榮，豈料國務院基於各項考量，突然在 1998 年 4 月 21 日宣佈了一項「一刀切」的政策，禁止任何形式的直銷，令南方李錦記深受打擊，隨即陷入困境，轉型待批，銷量急跌、積存飆升。

禍不單行，緊接著的 1998 年底，國務院再「一刀切」地

禁止軍隊及其直屬單位經營企業、涉足商務，軍醫大乃被迫結束與南方李錦記的合作關係，倉促退出，南方李錦記再受重擊。李文達從長遠發展考慮，收購了軍醫大的股權，南方李錦記於是成了李錦記集團全資擁有的公司。

無限極全球行政總裁俞江林乃軍醫出身，(3) 曾經任職於軍醫大，他在接受訪問時回憶說，南方李錦記被連「切」這兩刀後，營業額即銳減九成，此後一年多皆無起色。公司上下更瀰漫著一片悲觀情緒，害怕公司很快就會走上倒閉結業之路。

據李惠森回憶，更麻煩的問題是，由於中央政策路向未明，公司持續出現嚴重虧損，無可避免地拖累了母公司李錦記的財務。而作為企業最高統帥的李文達，一開始和集團內的主流意見一致，傾向於將南方李錦記賣盤或清盤。李文達諸子則意見分歧，對南方李錦記的去留看法迥異，甚至令李惠森一度興起自立門戶之意，想將「親生子」帶離母公司。事件令家族內部——特別是李文達本人的內心——出現了十分為難而激烈的掙扎。

作為家族和企業的最高統帥，在危急關頭，李文達顯然明白到紛擾不安的氣氛不能聽之任之、放縱自流，因為這樣必會帶來更為嚴重的災難性結果。於是，他當機立斷地決

定插手，穩定局面，節流止血。

李文達走的第一步，是穩定軍心。1999年12月23日，李文達將南方李錦記的高層人員都找去淺水灣的家裡商議，李惠森、楊國晉、鍾維康⑷等人都在場。李文達在席上多給鼓勵，要他們再堅持下去。他說：

> 如果邊位同事，冇信心繼續做落去嘅，可以依家起身，行出去……我對公司有絕對嘅信心，睇好前景，也會給予絕對支持。我哋一定會克服困難，得到更好嘅發展。（如果哪位同事，沒信心繼續做下去的，可以現在站起來，走出去……我對公司有絕對的信心，看好前景，也會給予絕對支持。我們一定會克服困難，得到更好的發展。）

結果自然是如他所料，沒人敢在關鍵時刻逃跑掉隊，而是承諾同心協力、鞠躬盡瘁，與公司共同進退，最終走出陰霾，迎來光明。

李文達的第二步，則是派出他極信賴的老臣鄧福泉赴廣州幫忙整頓，先行節流止血，讓公司有充足彈藥，在前路未明的情況下走更遠的道路，渡過難關。被李惠森形容為「中國超人」的鄧福泉，做事踏實可靠，且具豐富的行政管理經驗，臨危受命，乃全力以赴，為公司削骨療傷。

作為公司「醫生」，鄧福泉在非常時期對公司的支出嚴格把關，曾有員工要換電腦，卻不獲批，正是因為鄧福泉堅持節約，要求員工電腦壞了才可以更換。公司員工由1998年起，凍薪三年，遑論花紅，至2000年時更不得不裁退部份員工，直到危機過後，不少員工又陸續請回。南方李錦記就在如此艱苦的環境下，熬過三年，過程雖然痛苦，卻令公司的病情漸有起色，逐步恢復了元氣。

李文達的第三步，是在力挽狂瀾的同時，私下請李惠雄接觸滙豐銀行，讓它評估將南方李錦記賣盤的可行性，為最壞的情況預作準備。李文達心知南方李錦記雖仍有可為，但養生保健業要走高技術、高品質和專業之路，如今失去了軍醫大的支援，已令公司傷及肺腑，再加上行之有效的直銷營運模式被禁，可說是內外俱傷。為李錦記集團整體業務發展著想，李文達必須以直升機思維分析大局，從長計議，思考策略，並非只有一手，而是要為應變之道作多手準備（contingency plan），務求跳出困境。

南方李錦記風雨飄搖之際，李文達最憂心的，恐怕不是公司能否存續，而是么兒李惠森動念脫離李錦記集團，獨闖商海。李惠森無疑和李文達一樣，極富創業精神，故對集團決定將他一手創辦且盈利不錯的健一小廚結束，耿耿於懷。而南方李錦記是李惠森的心血所在，業務一向順遂，

也極具發展空間。現在突遭政策打擊，龍困淺水，要他不戰而降，實在心有不甘。他一度提出以放棄自己在李錦記集團的股權，換取南方李錦記的股權。換句話說，從此不復為集團一員。這就觸動了李文達害怕再度面對分家的神經。

在整頓南方李錦記期間，李惠森上下求索，反覆思慮人生、事業以及家族命運的問題。他回憶時說，他一來回想父親教導，對「思利及人」和「換位思考」的哲學有了深刻體會；二來則檢視家族前進的歷程與未來方向，對親人關係有了全新體會。與此同時，他又反省了自身和企業發展的過程中所面對的種種問題和挑戰，並有了頓悟，茅塞全開，明白到小我與大我之別，因而能夠擺脫原本只重視一己事業，忽略家族長遠發展目標的思維局限。另一方面，他亦從這個上下求索的過程中，體會了「直升機思維」、「換位思考」與「道天地將法」等融合傳統與現代、中國與西方的管理哲學，令他有了更大的使命和動力，帶領公司走出困境。

於是，頓悟的李惠森放下心結，集中精神應對企業的危機。他與公司高層參考一套嶄新的策略思考方法，最終在2001年推出第一個五年計劃，帶領南方李錦記走出低谷，迅速復興。

經過兩三年的努力，南方李錦記的業務重回軌道，不但鄧福泉可以功成身退，返回香港李錦記總部，李惠森更是鬥志愈旺，發展出一套更具號召力的「自動波領導模式」，帶領企業再闖高峰，這一點無疑又是公司轉危為機後，迎來全新發展動力的有力寫照。2005年，內地對直銷行業正式立法、頒佈《直銷管理條例》後，直銷行業柳暗花明，南方李錦記的發展更是迅猛。

可以這樣說，在1998年資金緊絀、南方李錦記經營困難及差點再鬧分家等危機三面夾攻下，稍有差池，企業與家族就有可能元氣大傷，甚至土崩瓦解。但李文達沉著應對，加上李惠森能解開心結，明白到個人與家族命運「切肉不離皮」的關係，令問題得以逐步解決，內部矛盾乃漸漸紓解。

事實上，經過這次危機的考驗，家族上下無疑對企業發展有了更好和更全面的了解，亦對親人關係更為珍惜，尤其明白父母子女之間，乃至於兄弟姐妹之間各有不同的思考和關注點，讓李文達長期強調的「思利及人」經營理念有了新的內涵。

於是，在化解這場巨大的挑戰後，不但母公司重回升軌，南方李錦記亦迎來了新一輪更為迅猛的發展浪潮，業績全

國家也好，企業也好，沒有規劃則難展腳步。無限極的持續高速發展，
是一個接一個五年規劃和上下齊心所打拚出來的。

面上升。到了 2009 年，為了更好地開拓健康產品市場，管理層在思考後，決定將南方李錦記易名為「無限極(中國)有限公司」(簡稱無限極)，以更有效地區隔健康產品及醬料產品兩種截然不同的品牌。

為此，無限極換了一個全新的品牌形象和設計，並投下巨資做進一步推展，迅速崛起成為內地直銷企業龍頭之一。至於「弘揚中華優秀養生文化，創造平衡、富足、和諧的健康人生」則是無限極的發展使命，目標是推動中草藥與中華養生文化，以配合新時代的市場需求。

有了新名字、新商標和新目標的無限極，一方面培訓了更專業的銷售團隊，另一方面則增加投資，先後在香港、廣州及上海等地購置具標誌性的物業，作為公司最有力的「形象代表」，令其實力更為雄厚，年營業額到今天已超過兩百億港元。無論是李錦記或無限極，在進入新千禧世紀以來，均取得具里程碑意義的重大發展，李文達自然笑逐顏開。但他卻沒因此停下腳步，還是不斷打拚，所以才有了下一階段的走向世界。

一步一腳印走向世界

正如本書其他章節中提及，李錦記自創立至 1990 年代，

創立南方李錦記的里程碑，配以新標誌（上）。易名無限極乃另一里程碑，配以全新標
誌（下），寄意「合眾人之力，創造無限可能」。

主要市場集中於海外華人群體，背後揭示的，則是他們的
「文化口味」，及對中華飲食的念念不忘。無論是李錦裳、
李兆南或李文達主政時的李錦記，均一心一意地走高質素
路線，開拓海外華人市場，令其在經歷三代人的打拚後取
得突出成果。李錦記蠔油已成為海外華人心目中的著名醬
料品牌，乃餐桌上的佐饍佳品，每日三餐不可或缺。

李錦記蠔油在海外華人聚居的社區大行其道，在大小雜貨
舖及超市貨架上總能見其蹤影，各種文化、飲食或旅遊雜
誌亦常有述及，諸如此類的現象不勝枚舉。而曾任廣東省
新會市市長、市委書記的何羨松，某次到海外考察時的銳
利觀察與感受，可謂言簡意賅地點出了箇中關鍵，說明李
錦記取得的突出成就。他這樣說：

> 1982年，我第一次出國，在瑞士小鎮 Chur 的某家雜貨小
> 舖裡，發現僅有的兩項中國人產品：一是香港李錦記的蠔
> 油，二是中國內地製造的乒乓球。我很震撼，於是發願要
> 將李錦記引入新會投資。

中國食品科學技術學會理事長孟素荷，則是在受訪時提到
她的另一種經歷與感受，可見李錦記「行銷世界」，所言
非虛：

1980 年代末，李文達和四位兒子在美國超級市場中了解李錦記產品的市場滲透情況。

1990年我應法國大使館邀請，參加巴黎的「法國農業博覽會」，會上絕少中國產品。我在角落裡終於找到中糧集團的展台，送我麻辣香油，還沒拿到門口，香油已經滴漏到手上。作為華人，我心裡頭特別難過……後來我看到某個展廳裡出來的人，都拿著一個很漂亮的包，是李錦記的，中文字，感覺很親切，就往那裡走。我看到了李錦記典型中式牌樓的裝潢，而且產品精美，很多外國人圍在那兒。那時我還年輕，出國門的經驗很少，一種自豪感油然而生。還有，在美國的時候，所有中餐館裡都吃得到極好吃的蒜蓉辣醬，李錦記的。腦子裡就留下了關於李錦記的美好印象。

即是說，到了1990年代，一直主打海外華人市場的李錦記，已經因其鍥而不捨的努力，取得了市場肯定與口碑，這進一步說明了為何強調永遠創業的李文達，那時會將發展目光投到了中華大地，而他的下一步，自然是順理成章地在全球化浪潮下進軍國際市場——這裡所說的國際市場，更並非如過去一世紀般只是集中於海外華人社區。

李錦記安渡1998年的危機後，經過連番策劃、努力和發展，於2000年進入另一階段的高速成長期。本階段的發展和成長，主要得益於李錦記在內地市場的大幅擴張，而非北美洲市場。(5) 至於李錦記在北美洲和日、韓兩地的

中式餐飲市場上，早就已經佔據主導地位。

1990年代以降，李錦記在歐洲尤其是英國市場上，也頗有斬獲，在大洋洲的紐西蘭和澳洲（澳大利亞）方面，也是進展順利，唯有在東南亞一帶的華人市場，因受當地的本土醬料品牌排擠，仍未真正突圍。簡言之，李錦記的各類產品，已經流通於全球百多個國家及地區。

此外，無限極成了集團的新亮點，健康產品銷量大幅上揚。李文達早年定下的「有華人的地方，就有李錦記」的目標，早已實現，如今已是「有人的地方，就有李錦記」。以下多項具里程碑意義的發展，則可作為李錦記不斷取得豐碩成果的註腳：

· 2008年，李錦記成為北京奧運會指定「餐飲供應企業」；
· 2008年，李錦記獲國際食品科技聯盟和中國食品科學技術學會共同頒授「國際食品科技聯盟：食品工業獎」；
· 2010年，李錦記成為上海世博會官方指定「餐飲原輔材料供應企業」；
· 2012年，李錦記獲選供應「『神舟九號』航天員佐餐醬料」並成為「中國航天事業合作夥伴」；
· 2013年，李錦記獲選供應「『神舟十號』航天員佐餐醬料」；

· 2015年，李錦記獲美國太空總署選用；

· 2016年，李錦記獲香港食品委員會頒授「經典百年食品品牌」；

· 2016年，李錦記醬料獲選為「『神舟十一號』航天員佐餐醬料」……

上述各項當中，李文達最深感自豪的，莫過於李錦記屢在外太空現身一事，顯示就算「沒有人的太空，也有了李錦記」。原來，自2012年起，李錦記獲選給中國「神舟九號」航天員提供五款醬料，開始和中國航天事業結下淵源，後再為「神舟十號」及「神舟十一號」服務，提供六款醬料供航天員食用。

航天食品的製作要求十分嚴謹，除了要確保食品百分百安全、保質期夠長，還要滿足太空環境的變化及航天員的個別需求。李錦記獲選為航天食品供應商，無異證明其品質監控及標準，已達到了行業最高水平。而李錦記亦特別用心，針對「神舟號」的太空任務，為航天員挑選了貴州豆豉辣椒醬、川式麻辣醬、涼拌醬、泰式甜辣醬、辣豆瓣醬及甜醬等口味，以「甜酸鹹辣麻」俱備來增加他們的食慾，為艱巨的航天工作帶來一些美味與樂趣。

還有，美國太空人史葛·凱利（Scott Kelly）於2015年11

李錦記產品隨著神舟九、十、十一號及國際太空站登上了太空，
可說是前無古人地做出了產品衝出地球的壯舉。

月在國際太空站上慶祝感恩節時，以他甚愛的李錦記「是拉差蛋黃醬」（Sriracha Mayo）製作感恩節盛宴，和他的俄羅斯及日本夥伴分享。此事經社交媒體傳開後，李錦記方面才注意到該產品已獲美國太空總署選用，跟隨美國的太空人上了太空。

李錦記在過去的一百三十年間，由僻處華南一隅的南水出發，走過珠三角，走向金山、東瀛、南洋，再回歸中國，並由中國再度走向世界。李錦記兩大集團今天除了香港大埔總部外，生產基地已經遍佈於美國洛杉磯、馬來西亞吉隆坡、中國廣東的新會、黃埔和遼寧營口等地，可謂相當全球化了。以下列出的各項例子，更可見集團近年來的國際化步伐與發展規模：

· 2009年，購入廣州的「無限極中心」；
· 2010年，購入香港中環的維德廣場，並易名「無限極廣場」；
· 2014年，遼寧省營口的大型生產基地啟用；
· 2015年，購入上海市的「企業天地3號樓」，易名「無限極大廈」；
· 2016年，於廣州白雲區建設新的辦公總部——廣州無限極廣場；(6)
· 2016年，購入中環商廈，並命名「中環李錦記」；

· 2016年，上海市徐匯區「李錦記大廈」啟用；

· 2016年，購入倫敦商廈 3 Harbour Exchange；(7)

· 2017年，購入倫敦地標商廈芬喬奇街20號（Fenchurch Street）；

· 2018年，購入廣州南站商務區地塊興建華南銷售總部……

李錦記集團之所以能夠乘風破浪、不斷前進，取得令人艷羨的突出成績，李文達的領導自然功不可沒，至於他取諸社會、用諸社會的各種努力與貢獻，又令他獲獎無數，備受中外業界和社會稱譽。如下一些頭銜與褒揚，則是最好說明：

· 2004年，獲香港傳媒機構評選為「香港商業奇才」；

· 2006年，獲清華大學聘任為「顧問教授」；

· 2008年，獲國家民政部頒發「中華慈善獎：最具愛心慈善個人獎」；

· 2008年，獲美國百森商學院授予「傑出企業家學院獎」；

· 2009年，獲香港工業總會頒授「傑出工業家獎」；

· 2010年，獲香港特別行政區政府頒授「銅紫荊星章勳銜」；

· 2012年，獲廣東省人民政府僑務辦公室頒授「南方‧華人十大慈善人物」；

· 2013年，獲香港傳媒機構評選為「傑出領袖：工商／金融組別」；
· 2016年，獲香港食品委員會頒授「卓越成就獎」；
· 2017年，獲選為第三屆世界廣府人「十大傑出人物」……

李文達雖然一生獲獎無數、戰功彪炳，卻並不自滿，至今雖已屆耄耋之年，卻仍拚勁十足，時刻均在思考如何推進企業發展。另一方面，他待人和藹可親，沒有架子，又令他倍受人敬重。《史記》所云：「高山仰止，景行行止；雖不能至，然心嚮往之。」這應是無數與他有過深入接觸者的最大感受。

結語

如果用不斷突破、屢攀高峰來形容李文達的一生，與他有深入交往的人應該都會舉手贊成，沒有異議。且不要說他從青年到成年時幹勁十足的乘風破浪，將李錦記由一家前舖後居、規模不大的蠔油庄，發展成海內外華人無所不識的著名品牌，銷售網絡遍佈新舊金山與南洋等地。就算到了晚年，他仍能打拚不息，創業精神旺盛依舊、積極進取如常，不斷開拓嘗試。

2010年，李文達獲香港特區政府頒授「銅紫荊星章勳銜」，
褒揚他為香港作出的巨大貢獻。

正如孟子之言說：「資之深，則取之左右逢其源。」李文達有深厚的閱歷、雄厚的實力與人脈資源網絡，才能洞悉市場發展機遇，掌握企業前進節拍，創造一次又一次的壯舉，不但帶領李錦記開拓了中華大地的市場，亦奔向世界，而更令人津津樂道的，則是令李錦記蠔油登上了太空，成為美談。

儘管個人成就斐然，李文達待人處事卻又表現得謙厚寬容、和藹可親，毫無架子，舉手投足正正流露了虛懷若谷的風範。正因如此，李文達無論是在家族、企業、行業、朋友圈，乃至社會上，所贏得的不只是獎項，而是發自內心的稱頌和尊崇。

1   莫國棟以管理培訓生的身份，於1992年
     加入李錦記，多年來一直參與醬油的生產
     工作。

2   玻璃鋼亦稱玻璃纖維（fiberglass）或玻璃
     纖維強化塑膠（Fiber-reinforced plastic，
     FRP），是一種以玻璃纖維強化的塑料，
     優點包括輕巧、耐腐蝕、防水、絕緣及不
     易老化，故可替代鋼材，用於製造機器零
     件和汽車、船舶的外殼等。

3   俞江林現為李錦記健康產品集團高級副總
     裁、無限極全球行政總裁、無限極（中國）
     有限公司副主席兼行政總裁。

4   鍾維康現為李錦記健康產品集團高級副總
     裁。

5   中國市場目前已佔李錦記醬料集團營業額
     的六成。

6   廣州無限極廣場，是由以「無限環」設計
     聞名國際的建築師扎哈 · 哈迪德（Zaha
     Hadid）親自擔綱設計，極具美感，備受
     注目。

7   3 Harbour Exchange 座落於倫敦市金絲
     雀碼頭的金融城邊上，商廈樓高十一層，
     總建築面積達九萬平方呎，其中一層會預
     留作集團的歐洲區辦事處。

CHAPTER

9

2006年，李文達在北京清華大學偌大的演講廳內演講，分享李錦記的成功之道。

第九章

治危機於
未發的創舉

現時第四代已成功接手，共同管治家族事務，未來他們也
會如我一樣，要放下交託予第五代。人多了，關係複雜了，
意見多了，溝通也難了，這是家族的挑戰。但我深信只要
有我們持守「思利及人」的家族核心價值觀，這一切的挑
戰也就迎刃而解，因為團結就是力量。

—————李文達

引言

生物成長有其生命周期，家族與企業的發展其實亦有其周
期。所謂周期，就是出生、長大、成熟和衰亡的不同階
段。中國人對家族的看法，既有強調百子千孫、兒孫滿堂
的一面，同時又認同開枝散葉的自然定律，所以才有「鳥
大離巢、家大必分」的說法。不過，理智上的認知，不等
於情感上接受，特別對家長而言，有不少仍希望子孫圍
繞，兄友弟恭，和睦共處，更擔心分家會傷害親人情感，
削弱家族力量，不利其強盛壯大。李錦記第二、三代在
1970與1980年代的兩次分家，雖在一定程度上反映了家
族發展周期的自然定律，但在重視親人關係、強調家族情
感的李文達看來，實在於心不忍。

正是基於這種情感與視野，經歷兩次分家，從中有了深刻
體會的李文達，晚年開始醞釀另一番思考。雖然事業愈做
愈大，子女更是才華出眾，皆可獨當一面、各領風騷，惟
1998年南方李錦記因外部環境變化而引發的一場巨大危
機，卻又揭示家族內部其實存在著不同觀點，目標各異，
大家前進的腳步也緩急不一，所以很容易觸發矛盾，產生
家人離心的問題。當時李惠森提議成立家族委員會，其兄
長及姐姐也表示贊同，這又讓觸覺敏銳的李文達立即意識
到，家族內部的情感與關係如果處理得不好，很可能會觸
發另一次分家。於是，他開始了防微杜漸、「治危機於未
發」的綢繆，為傳承安排作出現代化的新嘗試。

家族企業的強勢與軟肋

華人家族企業長期以來均被貼上了負面標籤，成為規模細小、經營落後的代名詞，不論中外社會，均覺得家族企業的制度保守混亂，難以做大做強，故只能局限一隅，難以面向世界，更不用說走上現代化之路。雖然家族企業充滿動力、經營效率極高，尤其是具有頑強生命力等優點備受肯定，但瑜不掩瑕，始終未能擺脫負面形象。

對於一生獻身給家族企業的李文達而言，家族企業的強弱和優劣何在，他內心實在十分清楚。他尤其深刻體會到，全力打拚企業以光宗耀祖、傳之子孫，企業與家族成為命運共同體所釋放出來的那股巨大無匹的力量，其實便是促使企業不斷前進與發展的動力泉源。而這樣一股對不斷取得突破、創出佳績的追求，絕非政府或公營機構那種機械式按章工作、關係疏離的狀態可以比擬。

由於家族與企業關係密切，無論任何一方碰到困難，必然會彼此扶持，助其渡過難關，所以家族與企業總是同甘苦、共進退。更為重要的是，由於企業和品牌代表了家族的最大利益與榮耀，亦渴望其能基業長青、代代相傳，不願有辱祖宗家門，於是會從長遠利益和發展思考問題，既注重品質，又強調與員工及生意夥伴的關係，更會重視社

會責任等。這都是非家族企業難以達到的高度。

然而，因為家族與企業「一體化」，家族所追求的利益和目標，自然會放到企業之上，家族中的感情和關係又必然會延伸到企業之中。於是，家族企業無論在管理、經營、發展，尤其在財務及人事佈局上，都會受到左右，難免給人一種用人唯親，強調內外有別、注重人脈關係，以及大小決定總是以家族為中心等負面印象，不利其走向規範化和公開化。

更加引起公眾注視，同時又令家族中人憂心，甚至難以釋懷的，相信是家族內部的矛盾與分歧，當中又以家族不同世代進入企業後，傳承接班的問題最為棘手。因為不同生命周期之間的重疊與交替，會令各種問題變得盤根錯節、相互糾纏。當怨懟積聚，很容易便會觸發紛爭衝突，處理稍有差池、溝通稍有不足，更會引起嚴重的鬥爭與分裂，為家族和企業發展帶來難以癒合的傷痛。

毫無疑問，因為家族內部矛盾與衝突積壓日甚，最後被迫分家，令親人如同陌路的教訓，實是極為深刻傷痛，亦是終生難以忘懷的。李文達對此深惡痛絕，不想子孫重蹈覆轍，心情不難理解。

正如上一章中所提，進入新千禧之際，在一場商業危機的衝擊下，家族成員因為觀點與角度的差異演化成內部矛盾，一度導致么子李惠森萌生「離家」獨闖的念頭，敲響了家族可能再次分家的警鐘，並因此觸動深埋於李文達內心的一份擔憂，促使他必須採取手段以「治未病」，為長遠謀——當然，這個巨大的挑戰並非單為了推動企業發展，而是要處理傳承接班的問題，強化家族內部團結。

可是，要解決這個問題實在談何容易。民間社會常有「富不過三代」的說法，背後反映的是富而不驕、富而仍能積極打拚者不多；二來則是中國文化強調「諸子均分」，令「分」成為一種常態，難以抵禦。

事實上，為了追求富過多代，家人一團和氣，共謀發展，克服各種文化與制度的障礙，千百年來，無數家族曾有不少嘗試和努力。強調孝悌忠信，向後代灌輸有助家族團結和諧的價值觀念乃其一；立下重要家訓，約束子孫行為乃其二；規定同居共財，家產不能分散或是轉讓外人乃其三；捐資設立義莊，推動公益事業，在照料家人親屬的同時大做慈善，為後代積德，以期蔭護子孫乃其四……然而，各種各樣的努力，卻甚少可以成功克服當中的種種困難與挑戰，讓家族的企業和財富能夠代代相傳地延續下去。這無疑是李文達早就深知又難以否定的事實。

儘管如此，李文達還是展示了他一貫做人處事的作風與魄力：其一是察問題於微時，知道問題日後可能擴大，然後爆發出來，所以必須在有生之年「治未病」，防患未然；其二是明知不可為而為之，雖知其難，但不畏難，努力尋找方法；其三是尋找解決問題的方法時，既會放下身段，不擺架子，更不會執著於意識形態，而是強調實效，頗有鄧小平那種「不管白貓黑貓，能捉老鼠就是好貓」的作風。換句話說，他在察覺問題後，會鍥而不捨地堅持尋找解決方案，以克服宿命。

創立家族委員會的重大嘗試

察覺到家族內部那股分裂力量之時，李文達其實已屆耄耋之年，他人生閱歷無數，慣見風浪，加上身份地位高高在上，價值觀念與行為模式等已經定型，若換上其他大家長，相信只會拿出過往行之有效的模式來應對，少會想到吸納新事物，再作突破。然而，或者是覺得問題影響深重，不慎重處理即會動搖基業，因此李文達表現了無比決心，既劍及履及地和子女們進行多方探索，又虛懷若谷地作出各種嘗試，並在嘗試後接納新事物，創立了「家族委員會」，開華人家族企業中的風氣之先。

訪談中，李文達提到，他的一貫做法，是將家族擺在遠高

第五代家族成員才華漸顯，相繼加入「家族委員會」。會議長枱左方依次為李惠雄、
李美瑜、李惠中、李學勤；枱前站立者為李惠民、李學禮；
枱右為李惠森、Professor John Ward、莫禮遜、李學韻。

於企業的位置之上，並認為延續及壯大家族企業的要訣，就是家族和諧、價值觀正確、團結一致與家和萬事興，乃十分傳統的「兄弟同心、其利斷金」觀念。而經歷過1972及1986年兩度分家的紛擾和家族撕裂，以及么兒李惠森在1998至2000年間的「離家」念頭，李文達開始關注家族與企業傳承的接班、永續問題。

在全球化年代，企業必須做大做強，而非單打獨鬥。在這種意識的影響下，李家第四代自然深感家族和諧、共同進退，將企業發揚光大，並代代相傳的重要性，因而在這方面也費了不少心思。在李惠森推動下，李家第四代自2000年以來，往往會集體參加國際名校如哈佛、清華等開辦的家族企業研討班，藉國際案例和學術理論，思考並尋找一個有助長期穩定及延續家族企業的權力架構。他將這個想法和目標與李文達商討交流，並很快得到父親的積極回應與認同，所以便做了更多周密的嘗試與學習，然後在有了「六六七七」的把握後，決定創立家族委員會。

李惠森進而表示，家族委員會是在經過多番共同的摸索與商議後，由第四代成員醞釀、李文達夫婦支持下成形。至於這個共同摸索、反覆嘗試的過程，則有如當年決定進軍醬油市場般，也曾遭遇不少問題，經過多番考察、討論與實踐後，最終才達致一致決定。

他們多次探討的一項重要議題是：家族企業重視親人的關係與情感，雖有其優點，亦是軟肋，因家族成員愈多，關係就愈複雜，也就愈難以單憑親情呼喚解決問題、應對挑戰，故必須引入現代化的制度安排，以更好地處理分歧和矛盾，讓企業持續壯大，面向其他世界級企業的競爭。換句話說，必須拿出一種新方法或新安排，而非單憑消費親情的老套解決問題。只有這樣，才能令家族企業歷久常青，更有效地化解負能量、積聚正能量，走更長遠的路。

李惠森和李文達探討的家族委員會制度，在西方某些大家族中已經有所應用，但在華人社會則尚未受到重視，因為其中的不少內容，在中國數千年的文化中，其實早已觸及，毫不新鮮，只是名稱不同而已。例如所謂「家族憲法」，與古代的家訓家規並沒兩樣；就算是不少家族撥款創立，主要用於慈善、推動教育並照料家人親屬的信託基金，其實也脫離不了中國傳統義莊制度的窠臼。

然而，西方社會所鼓吹的「家族委員會」制度，畢竟有其吸引力和重要之處：

· 其一是規則條文並非只是由上而下，任由家長定奪，而是有了由下而上，子孫共同商討的色彩；
· 其二是規則條文寫進了公司章程及信託細節之中，有了

一定法律約束力，與家訓家規截然不同；

· 其三是家族委員會賦予了現代化及制度化形象，讓年輕
　又接受西方教育的接班一代較易受落，樂意參與其中；

· 其四是具組織包裝，既設有家族委員作為統領，又下設
　多個專責部門，推動不同功能，更有家族議會與家族憲
　法，讓人有互相監察問責之感，當然還有「一人一票」
　等十分重要的「民主」元素，而非傳統家長制下的「一
　言堂」，只由家長說了算。

由是之故，家族委員會制度乃被認為深具現代化內涵，可
以擺脫傳統的接班安排只側重家長一方指令，卻缺乏子孫
一方參與的問題，彼此可以較好和較容易地進行互動。

正因家族委員會制度具有這些特質，可以更有效地吸納接
班一代，讓他們參與其中，容易接納新事物的李文達在了
解之後，自然樂意進行創舉性的嘗試，於是開了華人家族
企業的先河，在2002年創立李錦記的家族委員會。

據李惠森憶述，當最終確定成立家族委員會，又要召開委
員會的第一次會議時，大家作了個別開生面的嘗試，即選
擇在李文達的遊艇上召開會議，而不安排在平日辦公的地
方。家族成員開會討論時，也不像正規會議般設有既定議
程，也不是正襟危坐，而是在遊艇上自由行走，讓大家更

李文達與五子女在家族會議上自由討論、分享看法。

能敞開心扉，無拘無束地探討問題，思考良法。

李惠中更坦然承認，其時「還不知道可以做些什麼」，基本上是展開一場尚未知曉的探索。李惠森則補充指，此後，家族委員會定期每三個月開會一次，每次為期四天，前三天僅供委員會的核心成員參與，最後一天則家族成員全體參與。總之便是各抒己見，為家族的未來尋找更光明道路，而全體成員的參與，則有助內部溝通，增進感情。

李惠雄則提到，家族委員會作為家族與企業的最高決策機制，講究集體領導，而這與李文達長年的強勢領導，顯然有別。此外，家族委員會定下的規章，就是家族憲法，規範的對象是所有的家族成員，包括李文達夫婦。至於委員人數，則是由原來只有七位──即李文達夫婦和他們的五位子女，增至目前合共九位。李文達夫婦於2017年1月1日自願退出，並被委任為「榮譽創會成員」。而騰出來的位置，則是由第五代的李學禮、莫禮遜、李學勤、李學韻頂替，用意主要是讓第五代能更早地接觸家族與企業的運作、決策，為第五梯隊接班鋪路。

李文達樂見五位子女如今雖已獨當一面、才幹出眾，卻依然低調，更自豪於李錦記家族自1986年迄今，再無豪門一般常見的兄弟鬩牆、爭產等糾紛。家族委員會雖然不是

他首先提出來的主意，但他明顯在思索傳統繼承安排的種種問題後，覺得它實屬可行之道，有助加強成員間的交往溝通，增進情感，消弭誤解，提升家族內部的凝聚力。

從訪談中得知，李文達的主要考慮，是認為可藉家族委員會這個制度安排逐漸放權，讓子女各自歷練，也藉由家族憲法，將他最在乎的幾項核心價值嵌入其中。譬如，家族憲法明文規定，成員不可離婚、不能搞婚外情，否則就會被逐出家族委員會，喪失所有職務。據李惠中所述，本來，李文達還一再強調家族後人應該早婚，但這點在家族委員會內不獲其他成員支持，最終未能入憲。

家族憲法另幾項別有深意的規定，還有家族成員未來若想加入企業，就必須在外工作三至五年，還必須與其他求職者一樣，通過考核，並從基層的各部門做起。如果工作表現不佳，可以有一次改善機會，但若依然沒有起色，就該和其他員工一樣遭到解僱。此外，李錦記集團堅持家族控股，主席必須是家族成員，如果有人因故要退出公司，股份一定要由公司買回。家族憲法還設有退休規定，即六十五歲時，就必須自董事會和管理職務上退休；年屆七十後，更要進一步自家族委員會讓賢。

家族委員會的管治分工相當細緻，共有業務（即醬料集團

和健康產品集團)、家族投資、家族基金、家族學習及發
展中心、家族辦公室這五大區塊,職責有別。細節不論,
就算局外人也可以清楚從這樣的管治體系看出,企業不過
是家族的一部份,而「我們大於我」的教訓,當中有鮮明
的集體主義意識。套用李文達自己的話,就是用家族委員
會和家族憲法,來「綁住」家族成員。

李文達渴望見到這個在華人家族企業史上具創造性的傳承
制度,日後能夠與李錦記集團並肩前進、不斷發展。他在
2012年12月29日家族議會上的發言,可作這方面的註腳:

> 我願意作出任何行動,以達成家族的團結和諧、家族的延
> 續,因為在我的經驗當中,家族要為家庭的紛爭付出沉重
> 代價;我的弟弟因為家族業務與我意見分歧,以致不與我往
> 來,我感到十分痛心難過。我不希望下一代有我這個不愉
> 快的經歷。故此,我要語重心長地勸喻您們,無論如何,
> 都要以家族為先,要以「思利及人」的「直升機思維」顧念
> 家族的整體利益為先,因為沒有和諧的家庭,就不能延續
> 家族,亦沒有可延續發展的家族事業。

誠然,家族委員會作為共治平台和體制,可以發揮的作用
與效能仍待觀察,但不爭的事實是,李文達儘管年事已
高,仍為「治危於未發」而努力,那又是小中見大的能耐

企業家族架構

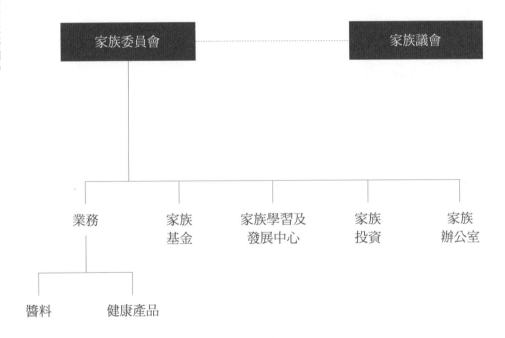

在另一層面的折射。而他能夠以開放的胸懷接納新事物，作出嘗試，更應予以肯定。事實上，利用這樣的一種現代化制度與平台，確實可以更好地發揮年輕一代坦誠公開討論與溝通的作風，並能適時消弭誤解、矛盾和怨懟，實在具有「治未病」之效，因而有助家族走向和諧。

樹立家族企業傳承楷模

從開始涉獵家族企業，到真正參與其中，然後又經歷兩次分家折騰，並因對與企業同進退、共命運的堅持，讓李文達既可以為家族和企業創造輝煌，同時又十分嚴肅和認真地思考，如何才能化解家族內部矛盾，推動家族和企業走上更康莊的道路。

家族委員會制度的設立，無疑便是這個思考的最重要一環。這種制度，雖然表面看屬現代化的設計，但卻包含很多中國傳統文化的內涵，強調骨肉親情、注重孝悌忠信的價值，又高舉各房共商的旗幟等，便是其中的一些例子。

正因家族委員會制度具有現代化的外衣與設計，但又兼備了中國文化的內涵，對中國傳統思想根深柢固的家長而言，自然能夠接受，覺得這樣更能創造有利的環境與平台，讓子孫後代多溝通互動，增加情感，減少疏離；至於

自小已接受西方教育，深受西方文化影響的接班一代，亦會覺得制度具現代化氣息，個人權利與責任兼備，尤其覺得手中亦有一票，可以影響委員會決定，所以樂意參與其中，進行多方互動交流，為企業作出更多貢獻。

家族委員會制度推行之初，仍處於摸索前進階段，大家常為某些章節規則爭拗，例如早前文章提及的「三不」（不准晚婚、不准離婚、不准有婚外情）規定，便因其中的早婚一項，並非家族成員單方面能夠決定，而需尊重另一方的抉擇，故於深入討論後未成條文。由此帶出的一個重點，是家族委員會內的規章制度，都是經成員之間深入討論後確立的，並非家長的「一言堂」旨意。由此可見，李文達確有放權的胸襟，讓子孫們共同治理家族事務。

於是，經歷過摸索階段後，家族委員會便順暢地運作起來，成為規劃、商議、溝通、培訓和聯誼的重要平台。有了這個規範化的平台與機制，家族成員不但可從互動溝通中增加對家族和企業的了解，也有助提升彼此間的互諒互信、同心協力。更重要的是，家族內部的負面情緒，得以較早較好地得到管控，遂使傳承接班的風險大降，顯著提升了家族的凝聚力。由李文達帶領的李錦記集團，可謂在華人家族企業的傳承問題上，樹立了重要楷模。

李錦記嘗試克服傳承過程中激烈的內部矛盾與紛爭，所採取的方法引起了中外社會的高度重視。傳媒爭相向李錦記發出訪問邀請，希望分享其成功經驗。李惠民曾經提到，就連香港的一些大家族也紛紛致電找他，希望向李錦記借鑑取經。

清華大學曾邀請李文達作公開演講，分享其治業持家之道，並暢談傳承接班的經驗。為此，李文達除了扼要地點出思利及人、換位思考和永遠創業精神的重要性外（參考第十章），還十分強調家庭和睦與團結就是力量的重要性，而家族委員會如何提升家族凝聚力、消弭分歧與矛盾的問題，自然亦有觸及。

當然，更值得重視的一段話，出自李文達在2012年12月29日家族委員會上的發言。他不僅點出委員會「共同管治」的制度設計核心，也提到家族人多口雜挑戰大的現實問題，並一針見血地點出制度能否落實，端賴成員們能否秉持「思利及人」的家族核心價值。他這樣說：

> 現時第四代已成功接手共同管治家族事務，未來他們也會
> 如我一樣，要放下交託予第五代。人多了，關係複雜了，
> 意見多了，溝通也難了，這是家族的挑戰。但我深信只要
> 有我們持守「思利及人」的家族核心價值觀，這一切的挑戰

李文達在參觀北京清華大學時致詞。

也就迎刃而解，因為團結就是力量。

除了李文達本人，李惠民、李美瑜、李惠雄、李惠中、李惠森等人，也常收到中外不少著名大學或大機構──諸如美國的哈佛大學、史丹福大學；英國的劍橋大學；中國內地的清華大學、北京大學、浙江大學、中山大學；香港的中文大學、科技大學等等──的演講邀約，希望他們分享李錦記的發展與傳承之道。家族委員會的組成和運作，以及家族成員如何同心協力管控矛盾等，當然是其中焦點。近年來，更有企業研究機構專研李錦記的案例，將它與歐美的其他類似案例對比（Sanaa, 2008）。

李氏家族成員在時間和條件許可下，很多時都樂意與學術界、政商界及社會大眾分享經驗，傾囊相授，並希望這套由自己家族率先引入華人社會，兼備現代特質和中國傳統文化內涵的制度，能夠得到更好的實踐與發揮，讓更多華人家族企業可以成功傳承，走出「富不過三代」的巢臼。

結語

回到第二章中提及，李文達出生時，父母為他取名「見大」，本來只是取其「見到他就快高長大」的寓意，寄望上天庇佑，讓他健康成長而已，沒想到卻道出了李文達最

突出的能耐——小中見大，因而令他一生的經歷和事業變得極不平凡。而他能危中見機、迎難而上，將本來只屬「街坊生意」的小小醬料店，發展成大事業，帶領李錦記由港澳開拓中華大地的龐大市場，又前進世界，甚至讓李錦記產品登上太空。

由於能夠小中見大、危中見機，晚年的李文達在察覺到家族內部可能出現矛盾與分裂後，立即採取行動，做出「治未病、防未然」的創舉，設立了具現代化意涵的家族委員會，化解家族內部可能出現的種種問題。由於制度能夠對症下藥、切中時弊，因而可以化解分歧、消弭矛盾，取得良好成效，讓李錦記可以在健康而充滿活力的軌道上，繼續前行。

李文達（右四）與既是生意夥伴又屬多年深交的陳英明（右三）、
周星琳（右一）等人合照。

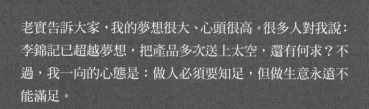

第十章

轉危為機的
睿智

老實告訴大家，我的夢想很大、心頭很高。很多人對我說：
李錦記已超越夢想，把產品多次送上太空，還有何求？不
過，我一向的心態是：做人必須要知足，但做生意永遠不
能滿足。

———————————李文達

引言

每位非凡企業家的傳奇，總有一套令他們可以衝出重圍、
出類拔萃，登上成功寶座的商道。一般而言，這套商道，
既可反映他們獨特的處世哲學、經營理念與人生抱負，更
會折射他們與眾不同的睿智、高瞻遠矚和人性關懷。李文
達的人生故事亦是如此。憑著他別樹一格的商道，加上前
文各章提及小中見大、危中見機的能耐，闖出名堂，帶領
李錦記跨越一道接一道的障礙，登上一個接一個的高峰，
書寫了個人、家族及企業的傳奇。

若要總結李文達的商道，則基本上可以「思利及人、務實
誠信、永遠創業、知人善任」十六個字作概括。表面上看
來，這套商道沒有什麼石破天驚或是高深莫測之處，甚至
可說是眾所周知之事。惟知之非難，行之不易，李文達一
路走來，不但視之為座右銘，在待人接物、持家治業時更
奉為圭臬。他在踐行這套商道的過程中，既能秉持中國的
優良傳統，又能盡情吸納現代商業管理的養份，以及成大
事不拘小節、兼容並蓄的意識形態，鮮明地凸顯了李文達
的睿智，亦說明他為何能在重要時刻，總是可以轉危為
機，甚至治危機於未發，令個人及企業不斷突破。

思利及人

「思利及人」的核心思想，在李文達心中，其實是很樸實直接的，既不抽象也不好高論，關鍵之處就是互利共榮。他或許沒辦法像他五位接受深厚教育的子女般，將抽象的道理步步演算，全面剖析，再系統地定出具體的落實步驟，但他上承祖及父輩的言傳身教，認定「思利及人」的大方向就是多為「我們大家」著想，而不是為「我」著想。自己賺了錢，也要確保生意夥伴都能獲利；生意夥伴遭遇困難，則是能幫就幫。此外，更應善待員工，讓他們得到關懷尊重，分享經濟成果。這套思想的背後，其實也是中國傳統的儒商及俠義精神。

孔子「己所不欲，勿施於人」的道德實踐，換成一種更積極的說法，就是「己所欲，施於人」。而一如司馬遷所指，「天下熙熙皆為利來，天下攘攘皆為利往」。「利」既是自己所欲，也是人人所欲，若能「思利及人」，則無往而不利。當中的道德原則，簡單易明，卻極難實踐，關鍵在人人都有私心，希望利益全歸於一人一家，不願互利。

李文達在商場上如何實踐「思利及人」，可由一件小事中看出梗概。李惠民提到，父親曾教導他，看公司的財務報表時，該從哪個部份開始看起，就是先看應付賬款

（Accounts Payable），而非一般商家更關心的應收賬款（Accounts Receivable）。換句話說，先看看李錦記有沒有什麼屆期應該支付給供應商的欠款，「找數先」。李文達強調，對供應商要有信譽、不拖賬，如此雙方合作才會愈來愈順暢，供應商才會優先給李錦記供貨，並供應優質貨。否則，人家就算有好東西，用李惠民的話說，「都唔會益你」（不會將好處給你）。

李錦記關注供應商利益的側面印證，來自2016年12月17日的一場私下閒聊。當天上海李錦記大廈揭幕，儀式後賓客到酒店吃自助午餐。某瓶蓋廠的管理層就私下透露，李錦記願意給供應商合理利潤，不像某某公司，口口聲聲以規模效應壓人，不斷地跟供應商壓價。所以該瓶蓋廠管理人員斬釘截鐵地說：「我們公司如果有好東西，當然一定先給李錦記。」

李錦記另一獨特的企業文化，是它偏好與代理商、供應商進行長期穩定的合作。所謂長期，是指動輒數十年至半個世紀之久，跨越兩三代的經營者，歷久彌堅。李錦記前兩代經營者這種重情義的風格，到了李文達手上，更是發揚光大。他因1950年代營商時吃過「識人不明」的虧，更重視與代理商、供應商之間的私誼，藉長期的交往觀察，確定他們的品性、操守，而一旦建立信賴，則用人不疑。

現任李錦記健康產品集團高級副總裁的楊國晉，於1994
年加入李錦記。初識李文達時，楊國晉就深刻意識到李文
達「不只是在做生意，而是在經營一個朋友的生態圈」。
李文達往往重視朋友——廣義的朋友，包括其長年生意夥
伴——甚於公司的管理人員。很多利益相關方，都會聚在
這個朋友圈裡，而李文達的獨特人格魅力——楊國晉稱之
為「氣場」——則會使他身處於這個朋友生態圈的核心，
既可團結四方，又能感染眾人。

經營這個朋友圈，對李文達而言不是應酬，因為他極能社
交，也熱愛社交。楊國晉曾笑指李文達這種社交能耐，乃
罕見異稟，恐怕連他的子女也難百分百傳承。另據鮑培莉
憶述，1990年代，有一回李文達約了朋友同往地中海旅
遊，但他突然身體不適，不宜遠行，醫生當時曾問李文
達：「朋友重要還是身體重要？」李文達說朋友重要，於
是先完成地中海之旅，之後才去美國治病。

李文達與生意夥伴之間重情義、互信不疑的故事很多。周
星琳的香港南信貿易有限公司，本是李錦記早年的原料供
應商，後轉型為李錦記在香港本地的代理。南信轉型後，
生意剛步入正軌不久，就橫遭1979年香港的金融風暴
衝擊。(1)南信另外兩位股東當時受創甚深，相繼退出公
司，周星琳獨力難支，企業岌岌可危。

危難之際，李文達沒等老朋友開口，就主動出手，借出一百萬現金，供周星琳周轉一年。這筆借款，既不要求抵押，也不求絲毫利息。一百萬港幣在1979年，可是一筆很大數目，莫說李文達當時仍遠不是城中富豪，市場上同期的借貸利息，更曾高達驚人的二十多厘。周星琳回想1973年和李文達初次搭飛機到韓國看蠔水時，李文達手書的「思利及人」字條，這才深悟其意。事後李錦記和南信不僅維繫了近半個世紀的合作，李文達更成了周星琳的莫逆之交。

同樣經歷風雨且世代傳承的李錦記代理商，還有墨西哥的周朝亮家族和日本的陳英明家族。李家與周、陳兩個天南地北的家族，雖然地理上極為遙遠，但卻因生意夥伴的關係，彼此間靠得很近，目前已是走過三代的世交。周朝亮家族早在1918年，就於墨西哥經手李錦記產品，至今恰好百年。陳英明家族與李錦記，則維持了逾六十年的合作情誼。以後者為例，日本的大榮（Daiei）貿易公司始於陳英明的父親陳榮順，而早年正是陳榮順主動要求代理李錦記蠔油。

李錦記蠔油1930年代即見於日本，但當時仍未建立銷售渠道，只是靠水手飄洋過海時，順道將一罐罐李錦記蠔油從香港帶入橫濱碼頭，由當地唐人街中餐館的廚子收購。

1980年代，李文達（右一）和周星琳（右二）到日本了解市場狀況時攝於火車站月台上。

1950年代，出身台灣的陳榮順恰在橫濱碼頭附近經商，敏銳地看出李錦記蠔油的商機，於是親赴香港，面見李兆南，要求代理，從此不但開啟了一條獲利之道，更建立起兩家情誼。陳英明在接受訪問時指出，今天大榮代理的所有商品中，李錦記產品就佔了九成。而橫濱唐人街九成半以上的中餐館，以及日本全境八成以上的高級中餐館，也都在大榮努力推廣下選用李錦記蠔油。大榮更在自家設於橫濱唐人街的中餐館內，以李錦記醬料作菜，推廣李錦記產品。

陳英明及其兒子星野順一，之所以盡心盡力在日本市場推廣李錦記產品，除了商業利益，還有1994年李文達給他們家帶來的情感觸動。1994年，大榮因某宗大額投資案失敗，陷入財務困境，幾乎破產，並對李錦記在日本市場的銷售構成極大干擾。但李文達並沒因此替換代理商，反而是親自飛到日本瞭解情況，為陳家提供協助。陳英明憶述這段生命中的凶險考驗時，強調不是錢財賒賬的問題，而是李文達在如此不利自身商業利益的處境下，還是先考慮大榮的安危。套用陳英明自己的話，就是：「對大榮不離不棄。」

除了代理商，與李錦記合作逾半個世紀的供應商家族，還有香港石華堂印務公司的趙家和億豐印業公司的何家。石

李文達（左二）在墨西哥考察當地業務時與周朝亮（左一）和
友人戴上了「高帽」，坐上了「馬車」。

華堂在香港印刷業界歷史悠久，名聲響亮，它由趙富培創辦，1911年即在上環開業。第三代接班人趙善政在訪問時如數家珍地指出：李錦記史上首份產品招紙，就是出自石華堂，乃他祖父趙富培經手。石華堂當時仍在中環歌賦街，(2)用的是傳統的平板印刷技術，以石印倒影印製。至於李錦記舊庄蠔油的「艇妹」招紙，也是出自石華堂，由其繪畫和印製。

必須指出的是，李文達對招紙的印刷也很講究，要求品質好、形象突出，不過早年針對李錦記招紙圖樣的設計，他只是找了本土畫家解決，仍未有委託專業公司設計的念頭。1960年李文達甚至自己動手，為李錦記設計了一個古意盎然的新商標。他與身為石華堂第三代的趙善政，因為多年合作，也成了老朋友，1980年代起，就常聚在陸羽茶室裡吃飯搓麻將。石華堂至今仍為李錦記印刷產品招紙，但早已改用最尖端的機器，可謂伴著李錦記茁壯共榮，不斷創新。趙善政深悉李文達對品質挑剔，有一回廠裡一時疏忽，讓李錦記的印刷品留下小瑕疵，趙善政即自行銷毀，一件不留。其重視品質的信念，明顯深受李文達「品質就是生命」經營理念所感染，這應是「近朱者赤」的最好例證。

類似的案例，還有億豐印業公司的何家。1970年代時，

李文達和陳英明合照，因彼此扶持、
歷經考驗而從生意夥伴變成終身朋友。

何用煒為李錦記處理設計及廣告業務，李文達覺得何用煒篤實可靠，交上朋友，鼓勵他開設印刷公司，承接李錦記的部份印刷訂單。何用煒夫婦回憶說，他們於是決定自立門戶，創立億豐，而億豐至今仍是李錦記印刷商，公司已傳承至第二代，主要負責印製李錦記的宣傳刊物——《企業新里程》。有意思的是，兩家公司合作多年，竟一直按傳統經營習慣相交，從沒簽過合約，一切僅憑互信，而且一言九鼎。

李文達對曾經幫過他的商場朋友，也很顧念舊情，不忘回報。許雄曾是李文達1960年代在地產領域投資時的親密夥伴，但不幸於1974年逝世。此後多年，每逢過年過節，李文達都會給許雄的遺孀送上問候和禮物，以表寸心，並特別關照其么弟許志興。許志興在接受訪問時尤其強調，李文達善待生意夥伴及員工這種難能可貴的特質，並非一般有錢人能做得到。1970年代李文達掌舵李錦記後，王國器曾助他發貨至美國，打理李錦記在美國西岸的業務，後來病逝當地。老員工曾展威補充指，李錦記公司裡某天突然冒出一份通告，內容大意是李文達希望同事們能在某月某日（應是王國器忌辰），為「王先生悼念一刻鐘」。

1980年代中國內地改革開放後，韓昌德當過遼寧省駐香

港的商貿代表，向港商積極推廣遼寧商務與投資活動。他曾引介李文達、李惠民父子到遼寧省，主要目的是看蠔水，並了解當地海產養殖，後來更協助李錦記在遼寧省設廠，包括處理海產和尋求辣椒等原料供應。李惠民在訪問時提到，多年過去，父母於 2000 年代末到東北參加某項活動後，竟然不辭勞苦，冒著遼寧冬季的酷寒天氣，繼續前往位處偏遠的長白山地區，目的是探視年老退休並選擇回長白山家鄉居住的韓昌德，令韓昌德大為感動。

同樣是 1980 年代，李文達初到福州投資設廠。他能踏出那一步，主要得力於時任福州市政府派駐香港的「香港華榕有限公司」副董事長陳敬淼的引路。(3) 陳敬淼逝世後，其子陳銳曾向友人提及，李文達每年春節前夕，仍會派李錦記的福州職員到陳家，給陳敬淼的遺孀送上問候和紅包。此外，李文達於 1990 年代決定在廣東新會七堡的祖鄉設廠時，當時先後擔任過新會市市長及市委書記的何羨松，曾大力協助。何羨松退休後，2012 年 10 月不幸中風，李文達知悉後竟迅即動身，親自從香港趕往新會探視。

李文達對員工──尤其是跟隨多年的老員工，特別關照。老臣子曾展威自 1970 年代始，就孤守澳門的李錦記老舖，雖已成家，卻尚未置業。有一回他動過大手術後休

養，李文達特地回澳門探視，和他漫步時經過某處，看到正在蓋的一棟樓，就對他說：「阿威，這棟樓很不錯。你在澳門，最重要是『有瓦遮頭』。」曾展威苦笑，說他何嘗不想，但還沒儲夠錢。李文達就指指那棟樓，問起發展商是誰，這才知道原來是兒時摯友何兆中的項目。「你去問問他多少錢？」「要好幾萬呢。」「得了得了，我資助你。」結果房子六萬二，李文達資助三萬。曾展威笑說他現在還欠著老闆三萬，因為李文達說過，「你有錢就還，沒錢不必還。」

現為李錦記健康產品集團高級副總裁、無限極（中國）公司行政總裁的俞江林，亦對李文達注重員工福利一事印象深刻。某一年，無限極業務做得很好，他向董事局匯報時，李文達強調不要忘了員工的貢獻，跟執掌無限極的李惠森說：「Sammy，你識做啦！」（你懂怎辦了吧！）意思是要提醒李惠森更好地犒賞員工，分享公司的發展成果。

李錦記曾向長期服務、資歷滿十年的員工，給予國外旅遊獎勵，每五年再去一趟。資深員工補充指，以李錦記的大埔廠為例，昔日安排是：滿十年資歷的員工，可到馬來西亞旅遊；滿十五年者可到美國；滿二十、二十五及三十年者，均可邀請配偶或一位家屬同遊，二十年是日本；二十五年暢遊歐洲；三十年更可參加美國郵輪團。不過後

年事已高的李文達一直對中美貿易和關係十分關心，樂於與眾分享其睿智。
圖為他與李惠森在禮賓府出席中美交流基金活動時與全國政協副主席董建華伉儷、
香港特區行政長官林鄭月娥合照。

來資深員工漸多，一次出團，往往涉及不少人，難免影響公司運作，所以近幾年的獎勵方式已改為發放紀念金幣。

務實誠信

李文達為人務實，不尚空話、不愛空想。他雖愛社交酬酢，呼朋引伴、不計小錢，但與價值不符的錢，他卻堅持不會花。這種務實風格，最具體表現在他搭飛機時，總是選乘經濟艙的習慣上，但他這麼做並非出於節儉。蔡昌明、蔡昌道等人受訪時都曾提到，李文達為人豪爽，每回他到經常光顧的餐廳用餐時，小費給得闊綽，侍者都會熱情地蜂擁而上，興奮高喊：「李生……」所以，和已故台灣首富王永慶一條毛巾用上近三十年之類的考量不同，李文達主要是覺得商務艙沒必要。

他認為，商務艙比經濟艙貴這麼多，服務、座椅等卻沒真的差這麼多，何必？於是 2008 年 4 月，當他獲美國百森商學院（Babson College）頒授「傑出企業家學院獎」，赴美領獎時，據同行的老朋友黎明基憶述，雖然他那時已高齡七十九，仍坐經濟艙。事實上，就算到了年近八十八歲的 2016 年 12 月，李文達到上海出席李錦記大廈啟用及無限極大廈更名儀式時，就算經親友多番勸說，他最終還是選了經濟艙。

不過，據常與李文達出境外遊的老朋友高漢釗觀察，李文達坐經濟艙不難，因為他極易入睡，「吃完飛機餐，倒頭就睡；一睡醒，就想李錦記的事。」但是，高漢釗又補充說，李文達並不堅持讓公司的高層人員，也陪他一同搭經濟艙。一個頗為有趣的現象是，李惠中出任李錦記醬料集團的主席後，仍追隨父親的務實作風，沒必要的錢不花，出境遠行時也常搭經濟艙。

務實之外，李文達重視誠信，而其誠信，具體表現在他對李錦記商譽、品質的高度重視上，視之如企業的生命般重要，為此往往不惜成本。李文達採購材料、原料時的一貫思路，據趙善政觀察，就是「我出得起錢，就要靚嘢，靚嘢全部俾我」──為求最好的，他樂意付上高價。李文達追求「靚嘢」（最好的），正是為了確保品質。所以1970年代，當李文達透過周星琳收購日本蠔水時，就不惜付更高的價錢，請他將上等蠔水全都拿下。李文達對品質的追求，事實上非常「日本」，他對日本各方面都很欣賞，往往與日本企業家最為投契，更曾考慮過送子女到日本取經。

關於這一點，女兒李美瑜回憶說：

> 很早之前，我們還沒去（美國、加拿大）留學前，我忘了是David（李惠雄）還是Charlie（李惠中），差點去了日本讀書，

連校服都做好了。可能當時他（父親）覺得日本人在食品機械方面很出色，所以有考慮過送兒子去讀日文。

我們也有一個合作了很多年的代理公司，Daddy 可能在參觀日本工廠的時候印象很深，所以回來之後說，日本人管理的地方，都很乾淨、很有系統，就提過希望我去學習一下。我想他應該是比較喜歡日本式的管理。但是後來不知道為什麼，弟弟又沒去成。

……後來爸爸跟我說，看到日本一些包裝很嚴格，建議我去日本學習包裝技術。我當時想，應該回去美國學，但可能是他看到日本的東西比較精緻。但是去日本，就要學日文。當時是 1979 年還是 1980 年，日本人都不太會講英文。於是媽媽不知道從哪裡找來日文老師，每天從星期一到星期天都去上課……學了一段時間，老師說基本上可以了，但是會話方面還不行，還無法在日本工作，於是就讓我再去讀日文學校。

我爸爸有個朋友是台灣人，也姓李……住在神戶……我上午上日文課，下午就去李伯伯的寫字樓，很小，只有六、七個員工，爸爸就讓我去學一下人家怎麼做 trading，也是給我機會學習日文會話。那裡大部份都是女職員，她們知道我從美國回來，很想學英文，結果沒人跟我講日文。

李美瑜後來又因事往返日本、美國、香港好幾趟，在日本的學習屢遭中斷，一直無法專注下來學好日文。當時李錦

記正在騰飛，家裡缺人，李文達這才無奈地讓女兒先回香港幫忙，留下缺憾。

李文達的不少軼事，都足以說明他對品質細節的講究。李錦記的外銷蠔油，在1960年代貨櫃開始冒起之前，原是用木箱裝載，以防海運過程中因撞擊而損毀。海運界轉用紙箱之初，李文達不確定這類紙箱是否足夠堅實，擔心蠔油因瓶罐損毀而變質。為檢驗紙箱承受撞擊力量的能耐，他親自弄了個土實驗，把裝了蠔油的紙箱搬上四樓，再將紙箱推下樓梯，任其滾落，實地測試其防撞效果。

有關紙箱的另一軼事，發生在1980年代末的澳洲。李錦記在澳洲市場的總代理是中達食品（Oriental Merchant），也是家族企業兼李家世交，合作多年。現為中達食品常務董事總經理的姚達健，在回憶時指出，1980年代末，李文達夫婦某次到澳洲，前往其墨爾本的公司貨倉參觀時，敏銳注意到用來裝李錦記產品的紙箱設計不理想，不堪撞擊，容易出現破損，極可能損及產品品質。李文達回到香港後，立即改進紙箱設計。

李文達擺脫金山庄後，面對美國方面挑剔的代理商，往往也不囉嗦，迅速處理，以維護口碑商譽。早年曾有美國代理商對某批蠔油的口味有意見，儘管不是品質問題，他

也立刻將貨收回，換了一批再發過去。這筆交易，單算運費就損失很多，但李文達寧可虧錢維護商譽（武雲溥，2013）。

李錦記健康產品集團高級副總裁鍾維康，1994年甫加入李錦記任財務經理時，一群中級管理層恰有機緣由李文達親自帶隊，到廣州的黃埔分廠參觀，也算某種形式的「迎新」。當天有兩件事，讓鍾維康印象非常深刻。首先是李文達在黃埔廠內，見到一群女工在剝蒜皮，就問廠長：「幹嘛不直接購入已剝好蒜皮的蒜？」鍾維康心想：「哇，這位老闆不簡單，既有成本效益的觀念，也熟悉醬料製作的工序。」李文達隨後要跟黃埔廠的管理層開會，就讓隨行的這批中階幹部旁聽。當時正好有一樁關於蠔油品質的投訴，過了一週，仍未解決。李文達瞭解後，甚怒，訓斥廠方幹部拖拉。「知道這種事會嚴重傷害公司的信譽嗎？限兩天內解決！」

中國食品科學技術學會理事長孟素荷，[4]是於1996年來香港公幹時，才認識李文達。幾年後，英國相關部門關注到中國醬油的化學成分，希望派人到中國來考察。孟素荷說，當時內地整個醬油行業用的添加劑很多，所以不敢讓英國人來。她在訪問時有如下一段值得深思細味的回憶：

因為不敢讓人來考察，就導致中國生產的醬油不能出口。後來，李文達對我說，你讓他們到李錦記來吧，我們接待他。回去之後，我們馬上就跟質檢總局（進出口食品安全局）的李朝偉（副）局長說，李錦記可以。英國方面說，你只要讓我看一個工廠，我就可以跟你談出口開放的問題。最後他們去參觀了李錦記，而且對李錦記進行了嚴格的考察，後來就開放了……所以質量控制是李錦記的理念。李錦記是最早走出國門的企業之一。它到日本、美國去，面對的都是最嚴苛的門檻。那時候中國只有少數醬油蠔油的出口，誰先出口，就先面對國際標準，也迫使、促使他們比別的企業，更早地對食品安全採取國際標準。

孟素荷認為，李錦記的食品安全控制是今天中國食品行業裡最好的。她指出：「它不是市佔率最大，但一定是最好的。」食品安全有三個層面，即道德、法規、技術，並作出補充說：「如果沒有道德，技術就是知假造假的幫凶。」

然而，品質檢測畢竟牽涉很多技術面向，李文達雖本著祖及父輩的教誨，視品質為生命，嚴格把關，但李錦記於1999至2001年間，還是不免遭遇一場品質危機。1999年底，英國食物標準局（Food Standards Agency, FSA）發表的一份報告，指出不少牌子的醬油，包括李錦記的醬油含有3-MCPD（5）。

在此之前，歐盟委員會從未公佈過任何有關 3-MCPD 含量的標準。報告對李錦記的形象衝擊不小，當時掌舵醬料集團的李惠民，立即耗費二十六萬美元改善生產工序，將 3-MCPD 含量降至偵測不出的水平。不過對李錦記更大的打擊，還是 FSA 於 2001 年再作調查時，發現有二十二項品牌——包括五項李錦記品牌——的 3-MCPD 仍超出歐盟委員會於 2001 年 3 月 8 日訂定的標準。消費者信心危機擴大，澳洲、新加坡、埃及、南非等地的市場，都開始關注此事。然而事實上，FSA 抽取的是李錦記於 1999 年及之前生產的舊產品，而那時公司仍未調整生產工序，歐盟委員會亦未正式公佈有關 3-MCPD 含量的標準。

李氏父子都意識到了危機。李文達交李惠民專責處理此事，而李惠民回顧時，最強烈的印象是：「大概兩個月沒怎麼睡覺，不停地應付全球各地市場湧入的問題：檢測機構、客戶、傳媒、員工。」1999 年 FSA 報告發表後，李惠民已意識到檢驗 3-MCPD 的重要性。因此於 2001 年 1 月，李錦記實驗室成為當時全港首家認可檢驗 3-MCPD 的實驗室，並即時出示實驗室證書及檢驗報告，證明其新產品不再含有 3-MCPD，FSA 也發聲明，使李錦記得以平反。然而，傷害已經造成，李錦記雖積極設立客戶熱線，聘請公關公司買廣告澄清，並找來全球多個官方食品安全機構背書，形象還是受到了損害（嚴志堅、麥華嵩，

2005：56-57）。

經此一役，李錦記訂下規矩，往後公司任何產品的檢測標準，就跟隨全球相關標準裡最嚴苛的那一套。李惠民與父親總結經驗教訓後，將此思路濃縮成一句簡潔有力的口號，即「100 － 1 = 0」。2005 年，中國內地爆發蘇丹紅事件，(6) 鬧得中港兩地人心惶惶。曾經當過八年香港貿易發展局總裁，2004 年退休，現為李錦記有限公司董事會顧問的施祖祥，當時和李惠民同去登山郊遊，卻發現李惠民一派輕鬆。他好奇地問李惠民何以如此淡定，李惠民卻篤定地說：「放心，李錦記不會有事。」原來李錦記採購的辣椒原料，都是與特定的農民合作種植，更重要的是採收後，李錦記已自行檢測把關，自然不必擔心違法添加物的風險。

永遠創業

李文達是位充滿企業家精神、時刻都在拚搏事業的領軍者。他敢於冒險，勇於創新與探索，因而可以不斷推動公司前行。而他的務實風格表現在創業精神上，就是注重結果。資深員工何奧生的個人觀察是，李文達沒有意識形態包袱──管它中式、西式還是日式，只要做得到生意，有助企業發展，就是好東西。

李文達愛打麻將，而他在麻將桌上的風格，也折射出這種
奮進不羈的創業精神。李文達搓麻將，向來不拘地點、百
無禁忌，可以是在摯友梁志峰的萬國殯儀館內，也可以是
上中環高雅的大同酒家、陸羽茶室內，⑺更可以是泊在
海上寧靜一隅的熊貓號私人遊艇內。據多年生意夥伴兼好
友的雷錦尚夫婦憶述，李文達在遊艇上聚眾打麻將，累
了，還曾經試過將船駛至深灣，和艇上諸友痛快地跳入海
中游泳。

李文達常跟朋友、下屬提到，做事不要先想輸贏。廣州無
限極的老員工何永祥就說，李文達常在麻將桌上告誡他
們：「老是記掛輸贏，就會畏首畏尾，難成大事。」不過這
話恐怕只說了前半套。李文達說出口的，正是他愛標舉的
「六六七七」精神，即作決策時，要勇於冒險嘗試，不求
百分百保險，但求有個六、七成把握，又自認方向正確，
就該出手，切忌瞻前顧後、考慮過多。這一點李文達不僅
愛說，更屢次體現於商場實戰之中，南方李錦記的創立，
就是最佳例子。

不過李文達做事前雖是「不要先想輸贏」，一旦開始著
手，卻會轉為「許勝不許敗」的決心。李文達在孩子們和
密友眼中，不僅極為進取、企業家精神旺盛，更非常好強
好勝，總是要贏，奪第一把交椅。前述與人「單挑」賽車

的故事，便是例子之一（第五章），就算是搓麻將，據李惠中貼身觀察，李文達亦是「麻將高手，一落場就沒父子講了，一定要贏！他常說，我們做每個行業，都要做到領導地位，一定要贏。就像一落場打波（踢足球），不贏就不要去打……」（《壹週刊》，2014：79）

李錦記只是李文達的「主業」，李文達涉足過的副業，由1950年代至今，可謂數不勝數。幾乎所有李文達的親友都同意，他的腦子裡永遠在想生意、在尋商機，只要有機會都想一試。除了早期的地產、壽材、餐飲等生意，1980年代初田灣新廠竣工時，李文達因為打算將生產程序機械化，和李惠民專程遠赴德國考察相關器材，結果「一去，就到處看到商機。看到威化餅的機器，差點買回來做威化餅。又看到做春卷皮的機器，也想做……他整天看到有商機就想去做。」李惠民笑著憶述。

此外，1980年代在美國，李文達還曾與友人一同合作開辦了 Lee's Company，做餐具、瓷碗等生意。前些年他養日本錦鯉，養出心得，竟又興致勃勃地和好友黎明基涉足日本錦鯉的養殖。這些副業，往往經營得不壞，也可以為李文達賺些錢，但李文達東觸西碰，未必是為了錢，而是出於企業家的一種自然衝動。更貼切地說，這類企業家，其實是把創業當成了一種嗜好（Schumpeter, 1934）。

李文達的創業精神，也表現在醬料產品開發上的敏銳與創新。今天香港常見的 XO 醬，1992 年前並不存在。XO 醬的原型，來自半島酒店的嘉麟樓，李美瑜在那裡享用過這道開胃小點後，建議父親也去試吃。李文達吃過後，覺得味道極好，回頭就找相關人員開發。1992 年，李錦記推出了這款以干貝、火腿、蝦米為主原料的 XO 醬，廣受市場歡迎，也迅速招引來一群仿效者。

蒸魚豉油的誕生過程，也頗為類似。李文達某天到鄉村俱樂部晚餐，吃到很美味的蒸魚，就當場請教廚師調製醬料的訣竅。回到公司後，李文達就要相關人員據此開發蒸魚豉油。公司每弄出一批實驗品，李文達就找董事、親友們試吃，施祖祥也是「試吃人員」之一。不過施祖祥坦言，廠方剛開始調製出來的蒸魚豉油，味道實在不行。如此反覆試驗，到了 1997 年，李錦記終於推出蒸魚豉油，至今仍是熱銷單品（孫鋒，2014）。施祖祥還透露，僅蒸魚豉油一項，每年在內地的營業額，就高達十多億港元。

西諺有云：「羅馬並非一天建成的。」李錦記能有今天享譽全球的卓著成就，李文達鍥而不捨的多元嘗試和努力，實在居功至偉。他那股永遠創業精神，源於他不會滿足於成就本身，而是從打拚的過程中獲取更大的樂趣、認同與人生意義，這樣自然促使他時刻想著如何繼續發展，並勇往

直前、不斷奮鬥。對於這種積極進取的企業家打拚精神，他自己的話可謂最能說明背後的原因。他這樣說：

> 老實告訴大家，我的夢想很大、心頭很高。很多人對我說：李錦記已超越夢想，把產品多次送上太空，還有何求？不過，我一向的心態是：做人必須要知足，但做生意永遠不能滿足。

知人善任

一家龐大的企業，總不能沒有上下員工的努力和汗水。李錦記能夠不斷發展和壯大，又與李文達知人善用，讓員工能夠盡展所長，為公司作出最大貢獻有關。可以這樣說，李文達不拘內外，亦不避親，喜歡任用可靠且有才幹的親朋戚友。

1950年代初入商海的李文達，曾因遇人不淑吃過虧，遭佔了大便宜。他記取教訓，知道人品需要時間觀察，所以日後常察人於微，並會招納熟悉的親友加入李錦記。李文達用人除了考慮才幹，更重視忠誠可靠等品德，而聘用親友便可免去評估對方人品的前期麻煩。故李文達所用的妹夫、妻舅等，都是待每個人事業有成、看清楚其能耐後，才邀請加入，並將他們擺到與自身才幹相應的位子上。

李文達善用家族和他夫婦倆的人際網絡，尋覓人才。李家方面，就有李文達的妹夫何華炎、鄧福泉、盧煥輝在公司服務。何華炎曾負責李錦記的總務採購多年，李錦記在田灣及大埔建廠時，都出過力。現為醬料集團主席顧問的鄧福泉，早年畢業於師範學院，曾負笈加拿大，1982年李錦記進駐田灣時應邀加入。鄧福泉當時在教育界享負盛名，是一位出色的特殊教育工作者，曾任特殊學校校長。後來他曾三度退休，又三度應李文達之邀復出，對李錦記貢獻甚大。李惠森在回憶時更特別提到，在1998年時，南方李錦記（即今之無限極）陷入重大危機，鄧福泉被派往廣州坐鎮數年，節流整頓，助南方李錦記安渡難關。至於盧煥輝曾在建築公司任職，李文達把他請入採購部門，負責新會工廠的土木工程及處理採購合約。

蔡家方面，除了前面章節裡已經提到的蔡美靈哥哥蔡昌耀、蔡昌桓、蔡昌明和弟弟蔡昌道，還有姐夫李達榮。李惠民提到，李達榮英文極佳，在英國公司裡做過多年銷售，有很好的銷售經驗和人脈關係，李文達遂把他也網羅進來，專責李錦記的對外談判和英文事宜，補充公司在這方面的一個發展缺口。

李、蔡兩家其實一直維持著極為緊密的互動。李文達眾子女小學時放暑假，都會搭船到澳門，在蔡家大宅中小住，

李文達偶爾也會前往探視。蔡克庭後來將蔡家大宅賣了，舉家由澳門搬到九龍，大家聚首更頻。李文達常在週末時，帶齊全家大小，搭渡海小輪到九龍的蔡家探訪。蔡家人則是維持一貫愛熱鬧的傳統，常在週末時匯聚於蔡克庭的住所，大打麻將。

另外值得一提的，還有蔡美靈的嶺南大學校友網絡。這個網絡裡的施于申，曾助李文達摸索 1980 年代廣州調味品的市場。不過，更重要的是，李文達藉此認識了在中國調味品行業歷練甚深、人脈深廣的華南理工大學教授袁振遠。袁振遠本人，以及他為李文達引介的另一位行內人楊潔明，正是襄助李文達最終搞定醬油的關鍵人物。

親友之外，李文達還喜歡任用什麼人？顯然是和他一樣篤實誠信之人。據何用煒憶述，1970 年代，當何用煒仍只是為李錦記處理設計及廣告業務時，李文達某天竟對他說：「你唔夠精，咁就啱啦。」（你不夠精明，那反而好。）並鼓勵他創立億豐印業公司，成為李錦記的印刷品供應商。由此可見，那些「機關算盡太聰明」的「精」人，在 1950 年代吃過教訓後的李文達眼中，反而會覺得並不可靠，難以忠誠，故寧可敬而遠之，不與為伍。

結語

李錦記早年在馬來西亞因為遭侵權而興訟的一場官司，可以很好地體現、總結李文達商道的睿智。1980 年代，李錦記在馬來西亞的營業額突然大減，李文達於是讓李惠民和鄧福泉前往當地查看，結果發現仿冒商品。熊貓牌蠔油遭當地的某家工廠仿冒，商標和包裝都做得惟妙惟肖，並在十八家超市裡銷售。李文達無法忍受劣質蠔油玷污其品牌，1984 年不惜耗時耗錢，也要控告對方侵權。李文達將此案交的近（Deacons）律師行的余鈞澤律師處理，由鄧福泉督陣，並找了馬來西亞方面的律師支援。纏訟多年，李錦記終於勝訴。然而一如所料，不論勝負，李錦記的耗費，都肯定遠超過它能收回的賠償。官司勝訴時，馬來西亞的那家侵權工廠已經倒閉，只有十八家超市仍需負賠償之責。

李文達並沒在這個事情上想太久，就決定罷手。維護品牌的目的既已達到，李文達換位思考，不想將那十八家超市也迫入絕路。於是他不追賠款，改為建議超市銷售李錦記正品，將賠款當作正品的市場推廣費用。據鄧福泉和余鈞澤憶述，李文達這種出乎意料的舉動，讓超市經營者心懷感激，此後即轉而積極銷售李錦記正品，令熊貓牌蠔油在馬來西亞的銷量大增。「思利及人」的一念之差，就這樣

讓法庭上的對頭，成了商場上的朋友。1997年，李錦記甚至在馬來西亞的吉隆坡開設廠房，直接在當地生產清真蠔油。

概括而言，李文達別樹一幟的商道與持家治業的作風，反映了個人的深思睿智。至於這種智慧的特質，說到底還是因為他與生俱來就具有小中見大、見微知著的能耐，讓他可在那些常人不太注視，覺得不太重要，或是認為做不到，甚至覺得會讓自己「蝕底」（吃虧）的地方，別有見地的看到當中的重大意義與作用，能知所選取和進退，並具體地反映在思利及人、務實誠信、永遠創業、知人善任的多個層面上。這些個人風格和特質，讓他可以在打拚與開拓事業的過程中緊抓機遇，或轉危為機，書寫傳奇。

1   相信是時任港督麥理浩突然訪問北京，獲
    知中國政府決定於 1997 年必然會恢復行
    使香港主權而引起市場震盪。

2   石華堂印務公司於 1960 年代遷至北角。

3   陳敬淼曾任福州第三中學的教師、校長，
    也當過福州市副市長。1985 年 4 月派駐
    香港，1992 年調回中國內地。

4   孟素荷自 1999 年起，擔任李錦記食品安
    全與營養專家委員會的顧問。

5   3-MCPD: 3-monochloropropane-1,2-diol.

6   蘇丹紅是一種工業染料，不可作食品添加
    劑使用。然而 2005 年 3 月 4 日，亨氏食
    品公司於內地生產的辣椒醬在北京被驗出
    蘇丹紅一號，緊接著一個月內，肯德基及
    多家內地餐飲和食品公司的產品中，都被
    發現含有蘇丹紅一號，事件轟動一時。

7   李文達自 1950 年代定居港島後，就偏愛
    和朋友及生意夥伴到上中環的大同酒家
    和陸羽茶室裡，聚餐或搓麻將。大同酒
    家 1925 年開業，位置在今永安中心對面
    的上環德輔道中與文華里交界處，現已結
    業。陸羽茶室 1933 年開業，起初在永吉
    街，1976 年後遷至士丹利街現址。

跋 ——————————— 為甚麼要大寫李文達？

要研究李文達，和他做深入訪談時第一次見面，他劈頭第一個反應就是：「我只是個普通商人，沒什麼好寫的。」這雖是他的自謙之詞，卻帶出一些值得深思，且必須回答的重要問題：為什麼要寫李文達？他的人生到底反映了什麼特殊的歷史與社會現象？又為後世留下哪些值得學習汲取的經驗教訓？他本人又有哪些與別不同的獨特氣質？

由於李文達和他的家族成員一貫低調，擺在香港商界芸芸世家大族的耀眼光芒裡，這的確可謂「小」，「沒什麼好寫的」；李文達的事業主體是李錦記，而李錦記賣的是醬料與健康產品，也可謂「小」，所以也「沒什麼好寫」。但事實上，李文達有很多值得書寫的生命歷程及引人深思的軼事，其跌宕起伏，緊扣時代變動，更反映了歷史前進的軌跡，因而有其「大」，值得大寫成書。

具體而言，我們認為，大寫李文達人生故事的必要性和重要意義，主要集中在以下三個層面：

一‧李文達具有小中見大的特質與視野，而他一生的經歷，則反映了這種特質的珍貴之處。正因他能小中見大，才會危中見機，並在危難及挑戰中找到發展機遇。

二‧李文達能在困難挫折中表現出不屈不撓、永不放棄的堅毅精神，堅持追逐夢想，並在這過程中帶領一向被標

籤為缺點多多、難有大成的華人家族企業由小而大，躋身國際商業舞台，創出耀眼成績。

三・李文達拓展事業的過程和經歷，折射了港澳和海外華人在中國近代歷史上的努力與貢獻，尤其見證了中國由弱轉強、民族復興的曲折歷程。

以上無論是個人特質、企業發展經歷，乃至作為中國近代歷史進程的見證，既讓李文達贏得社會肯定，又說明了港澳和海外華人在中國近代史上發揮的巨大貢獻，以及其扮演的不容低估的角色。

韓非子曾說：「聖人見微以知萌，見端以知末。」正如本書各章中提及，李文達的人生與事業之所以能夠乘風破浪，不斷取得重大突破，是因為他有小中見大的能耐，所以能危中見機，不被一時一地的困難嚇倒，亦不受紛亂多變的時局蒙蔽視野，反而能夠洞悉機要，掌握事物的發展關鍵和脈絡，作出更好的應對和擘劃。

有意思的是，李文達這種能耐，其實隱藏於 1960 年代劉太希贈予他的四條字幅中。在那條幅中，除了有令他深受啟發的「思利及人」四個字外，其實還有「大本領人，當時不見有奇異處」一句，是「小中見大」能耐的側寫，

指具大智慧大本領的人身上，那些看來不覺奇異的細微
特質，就如基因（DNA）般會決定一個人日後的發展軌跡
——此點很可能只是劉太希近距離觀察李文達後得出的個
人感受而已，卻又奇妙地說到了關鍵所在。

因為李文達具有這種小中見大的能耐，所以可在困難與挑
戰面前沉得住氣，處變不驚，然後抓緊機遇，碰到危難時
又能化危為機。這種特質，正是值得無數人學習的危機應
對哲學。

《禮記‧中庸》有云：「登高必自卑，行遠必自邇。」李文
達做事紮實，不好高騖遠，對於只屬餐桌調味料的小生意
亦甘之若飴，相信只要全力打拼，亦能有大未來，然後鍥
而不捨地全心全意投入其中，帶領李錦記上下朝著目標進
發。這個過程絕非順風順水，而是常常內外交困，有時更
是風高浪急、危如累卵，惟他在危難和困阻面前不被嚇
倒，並以百折不撓的堅毅意志應對，令他可以帶領李錦記
不斷前進，由小生意發展成跨國大企業。

儘管李文達一生成就斐然，事業有成，但卻表現得十分平
實謙卑，沒什麼不可一世、高高在上的傲氣，這種待人處
事與應對困難的特質，實在很值得後輩學習。

十九世紀香港開埠，標誌著大國的衰落和外侮的欺凌，人民自此顛沛流離，無數華人為求生計，飄洋海外，卻令人意外地造就了龐大的海外華人群體。他們對家國桑梓的照顧與思念，又締造了不容小覷的滙款與海外華人市場。李錦記蠔油在海外華人中大行其道，雖有產品質素上乘與推銷得宜之故，但亦有海外華人思鄉念親的「文化口味」使然。至於香港作為背靠中華、面向世界的國際貿易中心，又讓李錦記在促進海內外華人的交往接觸中，發揮了微妙卻十分突出的角色。

歷盡滄桑之後，到了二十世紀末，港澳主權回歸，無數海外華人陸續重投民族復興的大潮之中，李文達亦早已大舉投資內地，既為民族復興大業作出貢獻，亦乘著國家崛起的東風，開拓國際市場，走向世界。李錦記的發展和李文達的一生，鮮明清晰地折射了港澳和海外華人在中國近代歷史上的經歷，以及他們所作出的重大貢獻，亦見證了中國由弱轉強、民族復興的曲折歷程。此乃另一意義中的小中見大。

正因以上各種原因，大寫李文達的人生故事，述說其家族、企業、行業，乃至港澳和海外華人與近代中國的非凡經歷，藉此折射中國近代歷史走過的曲折道路。而一瓶蠔油、一個家族、一間企業又如何從服務海外華僑，最終由

海外回歸中國，再由中國走向世界的故事，自有其意義和
必要。為此，我們全力以赴，追蹤其人生足跡，希望為後
世留下點滴精粹，補充帝王將相歷史以外平民百姓的非凡
故事，豐富歷史的篇章。

Booth, M.1996 . *Opium: A History*. London: Simon & Schuster.

Clarence-Smith, W.G. 1985 . *The Third Portuguese Empire, 1825-1975: A Study in Economic Imperialism*. Manchester, UK: Manchester University Press.

Gersick, K.E. (et al.) 1997 . *Generation to Generation: Life Cycles of the Family Business*. Boston, Mass.: Harvard Business School Press.

Hicks, G. 1993. *Overseas Chinese Remittances from Southeast Asia: 1910-1940*. Singapore: Selected Books.

Poston, D.L. Jr. and Wong, J.H. 2016 . "The Chinese diaspora: The current distribution of the overseas Chinese population", *Chinese Journal of Sociology*, vol. 2 , no. 3 , pp. 348 - 373.

Sanaa Abouzaid. 2008 . *IFC Family Business Governance Handbook*. Washington, DC: International Finance Corporation.

Schumpeter, J.A. 1934 . *The Theory of Economic Development: An Inquiry into Profits, Capital, Credit, Interest, and the Business Cycle*. Cambridge: Harvard University.

常青。1999。《百年澳門》。北京：作家出版社。

陳曉彬。1999。《澳門今昔》。北京：中國書籍出版社。

鄧開頌、陸曉敏、楊仁飛。2011。《澳門史話》。北京市：社會科學文獻出版社。

鄧小平。1993。《鄧小平文選》第三卷。北京：人民出版社。

馮邦彥。1999。《澳門概論》。香港：三聯書店（香港）有限公司。

傅連婉。2012。〈廣搜蘭蕙慰桑榆——記信豐才子劉太希〉，原出處不詳，2014年8月12日刊於《客家搖籃網》，http://www.gnhakka.com/n492/c7489/content.html

郭廷以。1979。《近代中國史綱》（上下冊）。香港：香港中文大學出版社。

華僑日報。1948。《1948年香港年鑑》。香港：華僑日報有限公司。

黃啓臣。1999。《澳門通史》。廣州：廣東教育出版社。

姜舜源。2012。〈張大千「澳門時代」墨寶面世〉，《澳門雜誌》總第87期，頁67-73。

勞加裕。2014.06。〈濠江‧蠔情——百年澳門蠔油業滋味〉，《梳打雜誌》第63期，頁66-71。

雷戈。2012。《因獻成文：中國大陸官修野

史研究 • 第十一章：統戰實踐〉，轉引自〈中共利用文獻資料統戰港臺海外和西方〉，《黃花崗雜誌》總第 41 期，頁 23 56。

李福麟。2009。《澳門舊話》。澳門：澳門松山學會。

李惠森。2012。《自動波領導模式》。北京：中信出版社。

李惠森。2012。《思利及人的力量：成就一生的9個法則》。北京：中信出版社。

梁振興。1990。〈李錦裳與「李錦記蠔油」〉，《珠海文史》第9輯，頁94-100。珠海：珠海市政協文史資料委員會。

馬嶽。2010。《香港政治：發展歷程與核心課題》。香港：香港中文大學香港亞太研究所。

《南方日報》。2002。〈第一軍醫大學原校長趙雲宏同志逝世〉，《南方日報》，2002 年 11 月 19 日。

寧向東。2016。《家族精神：李錦記傳承百年的力量》。香港：經濟日報出版社。

司徒標、唐仕進。1995。〈文史牽動赤子情——珠海市政協通過文史工作聯絡「三胞」片段〉，《文史通訊》，1995 年第 2 期。

孫鋒。2014。〈海天調位戰〉，《商界》總第 487 期，頁 64-67。

王賡武。2015。《1800 年以來的中英碰撞：戰爭、貿易、科學及治理》。杭州：浙江人民出版社。

溫鼎銘。1990。〈我所認識的蔡克庭先生〉，《珠海文史》第9輯，頁 101-103。珠海：珠海市政協文史資料委員會。

武雲溥。2013。〈李錦記: 香港蠔油大王傳奇〉，《國家人文歷史》，2013 年第 2 期，總第 74 期，頁 81-85。北京：人民日報社。

亞洲電視新聞部資訊科。2009。《解密五百年澳門》。香港：明報出版社。

葉靈鳳。1999。〈蠔和蠔田〉，刊於《靈魂的歸來》(葉靈鳳文集第二卷：散文、小品)，頁 352-355。廣州：花城出版社。

《信報》。2017。〈中港百年家族企業293間 • 僅及日本 1%〉，《信報》，2017 年 9 月 13 日。

嚴志堅、麥華嵩。2005。〈第八章：李錦記：老字號，新策略〉，刊於范浩文(編)，《香港中小企業管理與創新：案例匯編》，頁 53-62。香港：香港大學出版社。

《壹週刊》。2007。〈百億海產大王蔡繼有傳奇〉，《壹週刊》第 921 期，頁 54-59。

《壹週刊》。2014。〈百年蠔門李錦記〉，(台灣)《壹週刊》第 676 期，頁 76-79。

袁求實。1997。《香港回歸大事記：1979-

1997》。香港：三聯書店（香港）有限公司。

張家偉。2000。《香港六七暴動內情》。香港：太平洋世紀出版社。

張家偉。2012。《六七暴動：香港戰後歷史的分水嶺》。香港：香港大學出版社。

張英龍（主編）。2009。《珠海僑務誌》。珠海市：珠海出版社。

鄭寶鴻。2016。〈第五章：金山莊與其他莊行〉，《香港華洋行業百年：貿易與金融篇》，頁 50-53。香港：商務印書館。

鄭寶鴻。2016。《香港華洋行業百年——飲食與娛樂篇》。香港：商務印書館。

鄭宏泰、黃紹倫。2006。《香港股史 1941-1997》。香港：三聯書店（香港）有限公司。

鄭宏泰、陸觀豪。2017。《點石成金：打造香港金融中心的里程碑》。香港：中華書局。

珠海市地方誌編委會（編）。2001。《珠海市誌》。珠海市：珠海市地方誌辦公室。

莊國土。2009。〈東南亞華僑華人數量的新估算〉，《廈門大學學報》（哲學社會科學版），2009 年第 3 期，總第 193 期，頁 62-69。

《資本企業家》。2014。〈李錦記第四代傳人・李惠中：沒有守業，只有永遠創業〉，《資本企業家》第 113 期，頁 22-27。

鍾士元。2001。《香港回歸歷程：鍾士元回憶錄》。香港：中文大學出版社。

鄒廣文（主編）。2010。《民族企業品牌之路：李錦記集團發展歷程分析》。香港：經濟日報出版社。

三聯書店
http://jointpublishing.com

JPBooks.Plus
http://jpbooks.plus

責任編輯　　寧礎鋒
書籍設計　　麥綮桁

書　　名　　李文達傳——醬料大王的傳奇
作　　者　　王國璋、鄭宏泰、黃紹倫
出　　版　　三聯書店（香港）有限公司
　　　　　　香港北角英皇道499號北角工業大廈20樓
　　　　　　Joint Publishing (H.K.) Co., Ltd.
　　　　　　20/F., North Point Industrial Building,
　　　　　　499 King's Road, North Point, Hong Kong
香港發行　　香港聯合書刊物流有限公司
　　　　　　香港新界荃灣德士古道220-248號16樓
印　　刷　　美雅印刷製本有限公司
　　　　　　香港九龍觀塘榮業街6號4樓A室
版　　次　　2018年3月香港第一版第一次印刷
　　　　　　2018年11月香港第二版第一次印刷
　　　　　　2022年3月香港第二版第二次印刷
規　　格　　16開（170mm × 230mm）384面
國際書號　　ISBN 978-962-04-4413-5

© 2018 Joint Publishing (H.K.) Co., Ltd.
Published & Printed in Hong Kong